I Love
학교협동조합

I Love
학교협동조합

발행일	2017년 5월 02일 초판 1쇄 발행
	2023년 1월 27일 초판 2쇄 발행
지은이	박선하, 사승엽, 신지영, 임세라, 정동욱
	조우현, 한석현, 한수아, 홍주영
발행인	방득일
편 집	박현주, 허현정
디자인	강수경
마케팅	김지훈

발행처	맘에드림
주 소	서울시 도봉구 노해로 379 대성빌딩 902호
전 화	02-2269-0425
팩 스	02-2269-0426
e-mail	nurio1@naver.com

ISBN 978-89-97206-54-4 03370

I Love 학교협동조합

박선하 | 사승엽 | 신지영 | 임세라 | 정동욱
조우현 | 한석현 | 한수아 | 홍주영   지음

맘에드림

협동조합으로 교육하라

학생들 9명의 이야기를 들으며 뭉클합니다. 가만히 있지 못하는 아이들에게 '가만히 있어라'가 아니라 마음껏 활동할 수 있는 판을 학교협동조합이 만들어 줘서입니다. 그러면서도 한편으로는 부족한 어른으로서 미안한 마음도 듭니다. 학교협동조합은 이 책에도 나오는 복정고등학교, 영림중학교에서 2013년 시작되었습니다. 단 2개의 학교협동조합이 외롭게 있던 상황에서 매년 증가하여 2017년 3월 28일 현재 전국적으로 모두 39개의 학교협동조합이 인가되었습니다. 인가받지 않고 동아리 형태로 운영되는 곳까지 합하면 50여 개에 이릅니다. 그렇기에 이 책을 바탕으로 "이렇게 학교협동조합이 좋답니다. 어서 학교협동조합을 만드세요."도 "학교협동조합을 하면 학생들이 좋은 학교 가요, 스펙 쌓기 좋답니다."를 얘기할 수는 없을 것입니다. 그럼에도 9명의 아이들을 통해 다시금 '협동조합으로 교육하자!'를 떠올려 봅니다.

협동조합은 같은 필요를 느끼는 이들이 모여 공동의 사업을 하는 공동체입니다. 우리에게 익숙한 협동조합으로는 농협, 신협,

서울우유, FC바르셀로나가 있습니다. 2012년 12월 협동조합기본법이 시행된 뒤부터는 더욱 협동조합을 쉽게 만들 수 있어 여러 협동조합이 생겨났습니다. 마음이 맞는 5명이면 누구나 협동조합을 만들 수 있기에 4년 사이에 1만여 개가 넘는 협동조합이 생겼습니다. 동네 반찬 가게를 함께 협동조합으로 만들기도 하고, 택시 회사를 협동조합으로 운영하기도 합니다. 학교협동조합 역시 학교를 배경으로 마음이 맞는 5명 이상이 모여 만드는 협동조합입니다. 이 책에서 나오듯이 대체로는 '매점'이 주 사업이지만, 작년부터는 초등학교 방과 후 사업으로 학교협동조합이 만들어지고 있습니다.

이 책에서 아이들은 학교협동조합으로 삶을 배웠다고 이야기를 합니다. 아이들 역시 여러 삶의 고민이 있습니다. 나는 어떤 사람일까? 어떤 사람이 되고 싶었을까? 하는 '사춘기로 인한 방황'이 있고, 처음으로 무언가를 스스로 해 보고 싶었지만, 그 '무언가'를 찾지 못한 채 지내기도 합니다. 또는 중학교에 들어갔더니 초등학교에서는 생각지도 못한 '경쟁'도 있었고, 다른 많은 이유가 있겠지만 학기 초에는 이리저리 많이 치이기도 하고, 그래서 사람들 시선에도 신경 쓰게 되고 더 주눅 들게 된 경험도 얘기합니다. 그리고 협동조합을 경험하면서 크고 작은 변화들을 겪었다고 합니다.

생각해 보면 저 역시 그러했습니다. 대학 3학년 여름방학 끝 무렵이었습니다. 기자가 되고 싶었는데 부모님이 문과는 거기서 거기라고 법대를 가라고 해서 갔다가 3년을 선후배들과 어울려 이것저것 한 뒤였습니다. 이제는 미뤄 뒀던 내 진로를 다시금 제대로 모색해야만 했습니다. 그때 한 여인이 저 멀리서 다가왔습니다. 연신 싱글벙글 웃던 그녀가 물어 본 것은 뜻밖에도 "집에 안 보는 책 있나요?"였습니다.

알고 보니 2000년 당시 대학교에서 대학소비자생활협동조합을 만들던 때여서 홍보 차원 겸 학생위원들이 '책 벼룩시장'을 열고 있었습니다. 가격은 각자가 원하는 대로 정해서 팔고, 팔린 책에 대해서만 판매 가격의 10%를 수수료로 내도록 했습니다. 수수료가 합리적인 범위인지 고민하던 저에게 그녀는 "조합원으로 가입하면 수수료를 안 내셔도 돼요."라며 가입 양식을 내밀었습니다. 노동조합을 하는 거냐고 묻는 저에게 협동조합에 대해 간략히 설명하며 1만 원의 출자금을 내면 조합원이 되어 학교의 식당, 매점, 서점을 함께 경영할 수 있다는 얘기를 들려주었습니다. 그리고 졸업을 하게 되면 출자금을 다시 돌려준다는 것이었습니다. 출자금 1만 원으로 이런 놀라운 일을 할 수 있다니! 그렇게 막연하게 내가 내 삶의 주인이 될 수 있다는 기대를 가지고 생애 처음으로 협동조합에 가입을 하게 되었습니다.

우연처럼 시작된 학교협동조합과의 만남이었는데, 지금 생각해 보면 예정된 만남이었다는 생각도 듭니다. 사람들의 성장을 보는 게 즐겁고, 수평적이고 민주적인 공동체에 대한 갈망이 늘 있어 왔기 때문이죠. 이 책에 나오는 아이들 중 대부분을 만나고,

그중 몇몇은 3~4년간 쭉 만나 오기도 해서 아이들의 이러한 갈망과 성장을 더욱 두드러지게 느끼는 것인지도 모르겠습니다.

학생들은 어떤 경험을 하는 걸까요? 아이들은 학교협동조합을 통해 참 많은 일을 하고 여러 경험을 쌓습니다.

"우리 학교 매점의 이름인 '한입두입'을 짓기 위해 공모전을 열었고 매점에서 취급할 문구류를 선정하기 위해 동아리 활동 시간에 알파문구 본사에 찾아가기도 했었다."

"특히 학교협동조합은 일반 매점과 다르게 매니저 한 분으로 매점 운영에 한계가 있을 때 학생 도우미를 고용하여 일자리를 창출하는데, 학생은 실제로 급여를 받으면서 일하기 때문에 학교 내에서 근로 현장을 체험할 수도 있다."

어떠세요? 사실 이러한 일을 통해서 아이들은 자신의 삶의 자양분을 얻게 되고, 교육도 받게 됩니다. 공부라는 건 책상에 앉아 지식과 정보를 습득하는 것으로 완결되지 않습니다. 틀에 얽매이지 않는 분석적 기술과 대인 관계 기술이 필요한 직업에 대한 요구가 더욱 커지고 있습니다. 문해나 수리 능력과 함께 협력 · 창의성 · 문제해결력 같은 '역량', 일관성 · 호기심 · 주도성도 중요하게 요구되는 기술입니다.

학교협동조합을 경험한 아이들은 얘기합니다. "공부하는 것보다 활동하는 것을 더 좋아하는 고등학생"이었다고요. "모든 것은 우리에 의해 결정되고 이루어졌다. 조금씩 아주 조금씩 우리가 살고 있는 이 작은 세상은 말 그대로 '바뀌어' 가고 있었다."라며 학교협동조합 활동을 자기 주도적인 문제해결 능력을 습득해 가는 과정으로 의미를 부여하고 있습니다. 특히나 이 활동은 누가 시켜서 하는 활동이 아니라 힘들면서도 스스로 너무 재미있어서 하게 되는 활동들입니다. "먼 미래를 상상하는 게 아니라 실제로 만들 매점을 기획해 보는 경험은 학교에서 배운 내용을 현실에 담아 내는, 내게는 색다른 시간이 되었다."라는 말 속에 그 비결이 나옵니다. 아이들은 미래의 주역만이 아니라 지금 이곳의 주역이 되어야 합니다.

그리고 이러한 활동이 그냥 "하고 싶은 것을 마음껏 해 봐라."라며 흰 도화지만 주는 것은 아닙니다. 학교협동조합에 필요한 여러 사전 준비 교육들이 이뤄지고 학교를 벗어나 지역과 연계하고 다른 학교로도 연계된 활동들이 이어집니다. "사회적 경제 캠프에 참여하거나 협동조합 교육, 윤리적 소비 교육을 비롯한 다양한 교육을 들었고", 문제를 해결하는 방법을 배우는 기업가 정신 교육으로서 앙트십 수업을 듣기도 합니다. 더불어 먼저 만들어진 다른 학교의 협동조합을 탐방하고, 심지어 다른 학교 축제에 가서 재미난 아이템을 벤치마킹하기도 합니다. 홍동마을을 탐방하고 다른 학교협동조합들과 교류하는 연합 워크숍을 경험합니다.

이러한 다양한 자극 속에서 아이들은 스스로 성장해 갑니다. 누군가가 제시한 길이 아니라, 다양한 여러 길을 경험하며 그 가운데 자신만의 것을 만들어 냅니다. 미래에 대한 현명한 대처는 미래를 정확하게 예측하기 위해 노력하는 것이 아니라 스스로 미래를 만들어 가는 것이라고 합니다. 현재 초등학교에 재학 중인 아이들의 65%가 현재 존재하지 않는 새로운 형태의 직업을 갖게 되는 시대에서 어른들이 경험한 세계로 미래를 재단할 수 없습니다. 오늘날 각광받는 직업이 미래에도 그러리란 보장이 없습니다. 따라서 학교협동조합을 통해 이뤄지는 다양한 교육은 정답지가 아닙니다. 아이들의 여러 활동을 불러일으키는 촉진제일 뿐입니다. "3년의 시간 동안 '배웠다'라는 건 내가 예상한 대로 진행되지는 않았다. 하지만 언제나 열정을 따라가다 보면 새로운 기회나 성장에 도달해 있었다."라는 이야기가 이를 말해 줍니다. 성장은 사다리가 아닌 정글짐이기 때문입니다.

그렇습니다. 이 활동이 주는 매력은 다른 것에 있습니다. 전 그걸 '협동의 즐거움과 방법'을 알았다고 얘기해 봅니다. 단순히 미래 사회의 필요한 역량과 인성으로서만이 아니라 함께 살아가는 방법을 익혀 내며 그 가운데 즐거움을 느끼는 것이 삶을 풍요롭게 해 줍니다. 이 책에서는 "세 팀이 각자의 역할에 충실한 덕분에 협동조합의 설립 과정에서 큰 힘이 되었다. 생각해 보면 그때 나는 '협동'은 거창한 것이 아니라 '서로의 역할에 충실한 것'만으로도 큰 시너지 효과를 내는 것이라고 깨달을 수 있었다."라고 합니다.

또한 즐겁고 자신의 성장에 도움이 되기 때문에 시작하기도 하지만 한편으로는 다른 친구들을 함께 생각하는 마음이 자리 잡고 있습니다. "누구 하나 그 황무지에 나무를 심을 생각이 없었다고 할지라도, 우리는 모두를 위해 학교에 '협동조합'이라는 한 그루 작은 희망의 묘목을 심기로 한 것이다."라고 회상합니다. "협동조합은 학생들을 위한 일종의 쉼터와 같은 것이었다. 평소에는 수업과 자습 그리고 끊임없는 공부에 지친 학생들이 점심시간이나 저녁시간만큼은 한 박자 쉬어 갈 수 있는, 그리고 자신에게 필요한 것을 채워 갈 수 있는 공간이 되기를 바라는 마음이 가장 컸다. 이사회에서 협동조합 이름을 '쉼표'라고 지은 것도 이런 마음을 담은 것이다." 겨우 매점 하나에 무슨 이렇게 큰 의미를 담느냐는 분들도 있을지 모르겠습니다. 하지만 매점에서 아이들은 다른 친구들을 위한 오아시스, 쉼표를 봅니다.

지금의 이러한 학교협동조합 경험이 더 시간이 지나 각자에게 어떤 의미로 남게 될지는 모르겠습니다. '그때 학교협동조합 활동에 시간을 덜 들이고 다른 공부에 더 투자할걸.'이라는 아쉬움이 남을 수도 있습니다. 저 역시 고백하자면 대학생활을 회상하며 가끔은 그런 아쉬움에 빠질 때가 있었으니까요. 그렇지만 시간이 지날수록 '참 좋았던 경험이었구나!'라는 느낌을 많이 받을 것이라 생각합니다. 다른 친구들과 함께 의기투합해서 무언가를 실현해 보는 경험을 가진 이는 많지 않기 때문입니다. 그 노하우와 즐거움을 맛본 이들이라면 어디에 가서든 사회 구성원으로서 훌륭한 제 몫을 해낼 것이기 때문입니다. 그리고 그 자리가 꼭 협동조합일 필요는 없습니다. 이 책에서도 학교협동조합의 가치를 널리 알리는 교사가 되고 싶다고 얘기하는 친구도 있고, 협동조합이나 사회적 기업에서 일하고 싶다고 말하는 친구도 있습니다. 앞으로도 많은 시간과 선택의 기회, 성장의 기회가 있기에 지금처럼만 다른 사람에 대해 따뜻한 애정을 갖고 함께하는 법을 익혀 나간다면 어디서든 사회의 빛과 소금 같은 존재가 될 거라 생각합니다. 협동이란 가치는 협동조합에서만 중요한 것이 아니기 때문이죠.

어떠세요? 협동조합, 참 교육적으로도 매력적이죠? 다시 한 번 외쳐 봅니다. "협동조합으로 교육하라!"

한겨레경제사회연구원 정책위원

주 수 원

차 례

우리들의 학교협동조합 이야기

내 인생의
체인지 메이커

홍주영(삼각산고등학교 졸업생)

♡ 프롤로그

우리는 보통 대학에 가기 위해, 대학이 원하는 인재가 되기 위해 공부하고 교육을 받는다. 하지만 내가 삼각산고등학교를 다니면서 배운 것들은 대학에 가기 위해, 대학이 원하는 인재가 되기 위한 공부가 아니다. 내가 원하는 삶을 위해, 내가 되고 싶은 사람이 되기 위한 공부였다. 나는 삼각산고에 다니면서 대학이 아닌 '대학 이후의 삶'을 위한 교육을 받고 공부했다. 하지만 고등학교 생활이 처음부터 그렇게 시작된 것은 아니었다.

♡ 곶감이 무서운 호랑이

어린 시절 누구나 한 번쯤 '호랑이와 곶감' 이야기를 들어 보았을 것이다. 어리석은 호랑이가 우는 아이를 달래는 어머니의 말을 듣고 곶감을 자기보다 무서운 존재인 줄 착각하고 도망간다는 내용이었다. 살면서 곶감을 한 번도 보지 못했던 호랑이는 곶감이 세상에서 제일 무서웠다. 그래서 곶감이 어떤 건지 알아보려고 하기는커녕 피하기 바빴을 것이다. 나는 '호랑이와 곶감'을 그저 '어리석은 호랑이 이야기'로 듣고 자랐다. 그런데 지금 생각해 보니 내가 바로 그 '호랑이'였던 것은 아니었나 하는 생각이 든다. 나 역시 한 번도 본 적 없는 곶감이 무서워 도망친 호랑이처럼 잘 알지도 못하는 '삼각산고'라는 곳감이 무서웠고 피하고 싶었기 때문이다.

"너희 공부 안 하면 삼각산고등학교에 간다."

중학교 3학년 첫 오리엔테이션에서 어떤 선생님이 한 말씀이다. 삼각산고는 지금은 혁신학교로서 가치를 많이 인정받고 있지만 당시는 생긴 지 3년밖에 안 된 학교였다. 사람들이 삼각산고에 대해 부정적인 선입견이 적지 않았던 것도 사실이다. 새로운 것이 주는 낯섦, 다름에 대한 오해가 많았고 나 역시도 그랬다. 삼각산고를 간다는 것 자체가 내게는 있을 수 없는 '무모한 도전'처럼 여겨졌다.

중학교 3학년 친구들은 11월 말, 12월 초가 되면 여러 고등학교에서 온 선생님들에게 각각의 학교에 대해 소개를 받고 학교를 정하는 게 보통이다. 내가 고등학교를 선택하는 기준은 두 가지였다. 첫째는 남녀 공학, 둘째는 대학을 '잘' 갈 수 있는 학교였다. 그런데 삼각산고를 소개하는 내용은 기존의 고등학교에서 내세우는 목표와 많이 달랐다. 토론 수업과 모둠 수업을 통해 학생이 스스로 사고하며 학생의 인권과 자치를 중요시한다고 소개했던 것이다.

그 이야기를 들으면서 가장 먼저 든 생각은 '아니, 이 학교는 공부는 안 하나?'였다. 지금까지 내가 받았던 교육은 그런 것들과는 전혀 달랐기 때문이다. 내 생각보다는 교과서와 문제집에 들어 있는 것이 시험의 정답이었다. 내 생각을 키운다고 해서 수능(대학수학능력시험)을 잘 보고 좋은 대학을 갈 수 있을까? 나는 의심의 여지없이 '아니다'라는 결론을 내렸고, 나의 고등학교 선호 순위에서 삼각산고는 지워졌다.

그러던 어느 날 나는 잠을 자다 꿈에서 친구들과 다른 교복을 입고 있는 나를 보게 되었다. 꿈속에서 보이는 학교의 '입학을 축하합니다'라는 플랜카드를 보면서 몹시 당황했지만 다행히도 꿈이었다. 꿈은 꿈이라고 생각하며 지나쳐 버렸다. 그리고 얼마 후, 드디어 고등학교 배정 통지표가 나왔다.

담임 선생님은 일일이 이름과 학교를 불러 주셨다. 그런데 이상하게 내가 가고 싶었던 고등학교 배정이 너무 적었다. 무언가 알 수 없는 불안감이 밀려오기 시작했다. 선생님께서 빠르게 아이들의 이름을 부르시는데 연달아 '삼각산고'가 세 번이나 불렸다.

"홍주영, 삼각산고등학교."

나도 그 안에 포함되어 있었다. 그렇다. 말로만 듣던 무서운 곳 감과 드디어 만나게 된 것이다.

나는 겁이 많았다

나는 남들보다 특별하고 싶었지만 남들과 다른 것을 무서워했다. 그래서 겁이 많은 듯하다. 그런 나의 중학교 시절에 남들과 다른 특별함이 있었다면 '영화 제작' 동아리 활동이었다. 초등학교 6학년 때부터 내 꿈은 '영화감독'이었다. 혼자서 시나리오도 써 보고, 동아리 부장을 맡으면서 중학교 3학년 때는 강사 선생님 없이 후배들을 가르치기도 했다. 여러 이론 책들을 찾아보며 정말 열심히 준비했다. 모든 공부는 언젠가는 내가 만들 영화의 소재가 되고 또 도움이 될 것이라는 생각에 무엇 하나 소홀히 하지 않으려고 노력했다. 하지만 이 소소한 특별함에 금이 가기 시작한 건 3학년 2학기 때였다.

사실 모든 팀원이 동아리 활동에 열심히 참여했으면 좋겠지만 현실은 그렇지가 않았다. 그중 일부만 의욕적이었고 나머지는 별 흥미를 느끼지 못했다. 내가 정성을 다해서 쓴 시나리오를 친구들은 내용을 이해할 수 없다고 마구잡이로 수정하는가 하면, 배우들은 연기하는 것을 쑥스러워했고 긴 촬영 시간을 지루해했다. 좋은 영화를 위해서는 좋은 팀원들과 나의 재능이 필요하다고 생각했는데 상황이 그렇게 되고 보니 내가 너무 무능력한 것 같았다.

지금 생각해 보면 그 당시 나는 다른 사람들의 말을 잘 듣지 못했고, 반대되는 의견에 반박할 용기도 없었다. 팀원들 개개인의 사정을 이해하지 못했으며, 그런 그들에게 동아리 부장으로서 의욕을 가질 만한 환경을 만들어 주지도 못했다. 나는 상황이 그렇게 된 것은 내 잘못이 아닌, 다른 사람들의 잘못이라고 생각하며 도망치고 포기해 버렸다.

그렇게 영화감독이라는 꿈을 내려놓고 고등학교에 입학하니 할 수 있는 것들이 의외로 많았다. 중학교 때의 나는 항상 '영화'라는 틀에 갇혀 다른 활동들은 꿈도 꾸지 못했기에 고등학교에서는 더 많은 가능성을 열어 두기로 했다. 내가 감당할 수 있는 것보다 더 많은 활동을 한 건 그 때문이었다. 때로는 지치고 힘들었지만 어떠한 가능성도 놓치고 싶지 않아 다양한 것들을 해 보려고 노력했다. 그러면서도 예술 분야에 대한 관심을 완전히 버리지는 못했다. 그러나 이전과 다른 점이 있다면, 나한테 영화를 감독할 만한 재능은 없을지 몰라도 다른 예술 방면으로 할 수 있는 일은 많다고 생각하게 되었다. 이전보다 하고 싶은 것이 너무 많아졌고 가능성도 많아졌다.

하지만 가능성이 많아지면서 어려운 점이 있었는데 생활기록부의 장래 희망란에 '무엇을 적어야 할까?'였다. 이때 2학년 담임 선생님께서 해답을 주셨다.

"다 적어 와 봐. 다 써 줄게."

장래 희망란을 채우기가 어려웠던 이유는, 당연히 그 공간에는 한 가지만 써야 한다고 생각했기 때문이었다. 선생님의 말씀은 내 고민에 대한 시원한 답이 되었고 너무 고마웠다. 나는 내가 하고 싶은 것을 다 적었다. '아트 디렉터', '스토리보드 아티스트', '토크쇼 MC', '마케팅 전문가'….

선생님께서는 지금까지의 교직 생활 중 이렇게 많은 장래 희망을 적어 낸 학생은 처음이라고 말씀하면서 웃으셨다. 그런데 선생님 말씀에 따라 내가 장래에 하고 싶은 일들에 대해서 적다 보니, 그것들에 대해 조금 더 생각하고 알아보게 되었다. 그리고 선생님과 부모님과 상의하며 내가 정말 잘할 수 있는 일들을 추려 보려고 노력했다.

이처럼 고민이 있을 때, 감정적으로 지쳐 있을 때 선생님들은 항상 우리 옆에 있었다. 사소하다 싶은 것들 하나하나까지 함께 알아보며 도와주셨다. 그만큼 아이들과 학교 선생님들과의 관계가 가까웠다. 가끔은 3학년 교무실이 시장터 같다는 생각이 들 정도였다. 할 일이 없어도 지나가다 교무실에 들러 선생님들과 수다도 떨며 고등학교 생활을 이어 갔다. 이제 와 돌이켜보니, 중학교 시절 특별해야만 했던 그 '시간'은 애초 나만의 특별함이 아닌 '모두'의 특별함이 되었어야 했다. 만약 내가 삼각산고에 입학하지 않았더라면, 그리고 협동조합을 시작하지 않았더라면 나는 아직도 이것을 깨닫지 못했을 것이다. 협동조합 활동은 나에게 이런 못난 나의 모습들을 되돌아볼 기회를 주었고, 무슨 일이든 포기하지 않는 힘을 기를 수 있게 해 주었다.

나를 변화시킨 몇 가지 키워드

　나의 고등학교 3년을 한 단어로 표현하면, 바로 '협동조합'이다. 그만큼 학교협동조합과 함께한 시간이 길었고 그 안에서 나는 도전하고 실패하고 성장할 수 있었다. 그렇게 나는 나의 또 다른 가능성을 협동조합을 통해서 볼 수 있었다.

　삼각산고의 첫 사회적 협동조합은 매점의 먹거리 문제를 해결하기 위해 설립되었다. 그전에도 매점의 먹거리 문제는 여러 번 거론되었지만 '앙트십(entrepreneurship, 기업가 정신)' 수업을 통해 협동조합이 만들어지게 된 것이다. '앙트십' 수업은 기업가 정신을 배우는 방과 후 수업으로, 문제를 발견하고 해결하는 방식의 수업이었다. 나 역시 이때 처음 앙트십 수업을 들었는데, 우리는 당시의 문제를 '매점 먹거리 문제'로 설정하고 이것을 해결해 나가고자 하는 과정에서 협동조합을 알게 된 것이었다.

　매점 문제를 해결하려면 여러 이해관계자들의 노력이 필요하다고 생각했고, 관련한 이해관계를 하나로 모으면서 교육적 의미까지 담을 수 있는 '협동조합'이 너무나 매력적으로 다가왔다. 하나둘씩 모여 협동조합에 대한 책을 함께 읽고 조사하여 파워포인트로 발표하면서 협동조합 공부를 시작했다. 그게 변화의 시작이었다.

　삼각산고 사회적 협동조합이 조금씩 성장하면서 우리는 건강하고 안전한 먹거리 제공과 함께 협동의 가치를 바탕으로 윤리적 경제 활동 및 소통과 나눔의 교육을 통해 학교와 지역 사회를 연결하는 교육 공동체라는 목표를 세웠다. 이는 학생 교육 지원 사업과 경제경영의 기회를 제공하는 것도 포함한다. 지난 2년 동안 여러 가지 활동들이 많았지만 2016년은 나에게 협동조합과 함께한 가장 값진 한 해였다.

키워드 하나: '나도 선생님 프로젝트'

기말고사가 끝나고 방학이 시작되기 전 약 2주일 동안 보통의 학교들은 대부분 서술형 답안지를 확인하고 교실에서 선생님이 틀어 주신 영화를 보거나 한다. 하지만 삼각산고는 조금 다르다. '나도 선생님 프로젝트'를 진행하는 것이다. 학생들이 관심 있는 주제를 선정해 수업을 직접 기획하는 삼각산고의 학기 말 프로젝트다. 삼각산고 사회적 협동조합은 매년 나도 선생님 프로젝트에 참여해 1년에 두 번, 학기당 각기 다른 주제로 4개의 교육 과정을 진행하고 있다. '나도 선생님'에 참여하는 이유는 삼각산고 사회적 협동조합의 목표 중 안전하고 건강한 먹거리와 학생 교육 지원 사업을 결합해 주로 바른 먹거리와 협동조합에 대한 기초 교육을 제공하기 위한 것이다. 1학년 1학기에는 식품 첨가물 수업, 2학기에는 협동조합 교육, 2학년 1학기에는 지나친 당 섭취에 관한 수업, 2학기에는 GMO(유전자 변형 식품)의 위험성에 관한 수업을 진행하고 있다. 이때 여러 가지 실험과 체험활동을 준비해 직접 만지고 느끼면서 배울 수 있는 수업을 만들려고 노력한다.

[그림1] '나도 선생님' 프로젝트에서 활동하고 있는 학생들

키워드 둘: 모두를 위한 미술 '아트 페어(ART FAIR)'

아트 페어는 학생들이 미술을 즐기면서, 미술 문화의 불평등을 해소하고, 미술에 대한 고정관념을 깨뜨리기 위해 열리는 작은 미술 문화 축제다. 일반인에게 거리감 있게 느껴지는 미술 문화를 소비자, 전문 아티스트, 아마추어 아티스트의 관점에서 해석해 여러 프로그램을 기획한다. 학생들이 캔버스에 그린 작품을 경매하기도 하고, 재능 기부로 만들어진 엽서를 판매하거나 공공미술을 소개하는 러버덕(robber duck) 게임과 두둘(낙서) 릴레이도 진행한다. 미술 시장과 소비자를 바로 연결하면서 미술에 대한 일반인의 물리적, 심리적 거리를 좁히고 미술 시장의 활성화를 위한 첫 도전이었다.

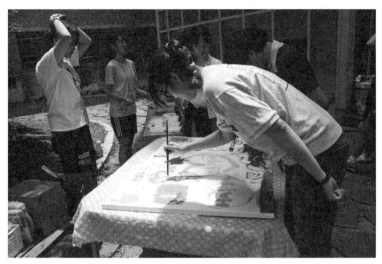

[그림2] 한 사람 한 사람이 그린 낙서를 모아서 하나의 그림으로 완성하고 있다.

아트 페어 수익금은 다문화 아이들의 돌봄과 미술 교육에 쓰인다. 한 봉제 공장 사회적 기업 대표님으로부터 "주말에 한국어를 배울래도 아이들을 돌봐 줄 사람이 없는 공장 다문화 가정 어머니들은 한국 생활 적응이 어렵다."는 이야기를 듣고 외국에서 이주해 온 어머니들에게 한국어를 배울 시간을 마련해 드리고 싶었다. 미술을 통한 사회의 불평등 해소와 지역사회에 공헌할 수 있는 기회를 만들어 보고 싶었다.

키워드 셋: '스타트업 페스티벌'

스타트업 페스티벌은 삼각산고 사회적 협동조합에서 '청소년들에게 창업의 기회를 제공하기 위해' 진행하는 행사다. 2015년

[그림3] 스타트업 페스티벌에 참가한 아이들이 만든 코너

시작되어 매년 학기당 두 번, 1년에 네 번 학생들의 아이디어와 아이템을 가지고 진행된다. 두 번의 심사를 거쳐 선정된 팀들은 창업 지원 부서와 지속적인 미팅을 통해 진행 상황과 추가로 발생한 문제들을 함께 상의하면서 스타트업 페스티벌을 준비한다. 학생들의 수요 조사를 진행하기도 하고 시장조사도 하면서 진지한 자세로 임한다.

키워드 넷: '체인지 메이커' 대회

체인지 메이커 대회는 학교 내 크고 작은 문제들을 발견하고 해결 방안을 모색한 후, 해결 모델을 만들고 테스트하는 과정까지 거치는 문제해결 대회라고 할 수 있다. 이 행사를 통해 학생들은 주변의 문제를 방관하지 않고 관심을 가지며 스스로 해결하려

[그림4] 체인지 메이커 대회에 참가한 학생들

는 과정을 수행함으로써 'change maker'가 된다. 대회를 진행하면서 학생들은 문제 발견 해결 교육, 디자인 씽킹(thinking) 수업을 통한 훈련을 하고 본격적으로 문제를 발견하고 해결하는 과정을 거친다.

키워드 다섯: '삼바학교'(삼각산을 바꾸는 학교)

삼바학교는 마을과 학교의 상생을 위해 뭉친 삼각산고와 강북구 5개 지역 모임의 연대를 말하는데, '삼각산을 바꾸는 학교'라는 이름 그대로 마을을 바꾸기 위한 다양한 활동들이 이루어진다. 부족한 자원을 공유하고 서로에게 새로운 활력을 얻으며 성장한다. '오늘의 학교', '어디나 학교', '함께 학교', '더불어 학교', '내일의 학교'의 5개 과정으로 이루어졌다.

키워드 여섯: 협동조합으로 세계와 만나다 - 영국 골번하이스쿨과의 화상 콘퍼런스

학교협동조합은 전 세계에 널리 퍼져 있다. 그중 우리는 영국의 골번하이스쿨 친구들과 교류할 수 있는 좋은 기회를 가질 수 있었다. 시험 기간임에도 콘퍼런스를 위해 영어로 된 삼각산고 사회적 협동조합의 홍보 영상을 제작하며 영국 협동조합학교에 관해 공부를 했다. 골번하이스쿨과의 콘퍼런스는 '무슨 과목을 좋아하는지', '학교에서는 무엇을 배우는지' 등 또래의 단순한 호기심부터 '협동조합을 하면서 어려운 점은 없었는지', '6·25전쟁 같은 어려운 일을 겪었기 때문에 협동하는 문화가 있는지' 등 일상적인 대화부터 협동조합에 관한 정보를 공유하며 또래 친구들과 즐거운 시간을 보낼 수 있었다.

골번하이스쿨과의 화상 콘퍼런스가 중요했던 이유는 사회적 경제에서 한발 더 나아가 다양한 분야의 협동조합에 관한 자극을 주었기 때문이다. 영국의 학교들은 협동조합의 기치를 내건 '협동조합학교'를 운영하며 학생들이 전기 자동차, 출장 뷔페, 빅밴드 등 다양한 분야에 직접 참여하도록 독려하고 있다. 그런 활동에 자극을 받고 우리 역시 학교협동조합을 사회적 경제에 국한하지 않으며 다양한 분야에 진출하게 되었다. 미술 문화(아트 페

I love 학교협동조합

[그림5] 영국 골번하이스쿨과의 화상 콘퍼런스 1

어), 그린 하우스(자원 순환), 삼바학교(마을 연계) 등 새롭고 다양한 사업을 추진할 수 있는 계기가 되었다.

이 외에도 2016년에 진행한 '공유 경제 페스티벌'이나 '학생 조합원 한마당' 등의 행사도 기억에 남는다. 우리는 거기서 각각의 공유 경제와 학교협동조합에서 열심히 노력하고 있는 많은 친구들을 만날 수 있었고, 서로 이야기를 나누며 경험을 공유할 수 있었다.

언젠가 기회가 된다면, 더 많은 학생에게 "선행 학습을 하려면 미적분보다 사회적 경제를 공부하자."라는 말을 해 주고 싶다. 사회에 나갔을 때 활용할 수 없는 지식을 습득하는 것보다는 학교에서 경험한 사회적 경제 활동이 실질적으로 더 도움이 된다는 것을 나 자신이 몸소 삼각산고에서 체험했기 때문이다.

[그림6] 영국 골번하이스쿨과의 화상 콘퍼런스 2

성장이 준 세 가지 선물

　나는 삼각산고 사회적 협동조합에서 값지고 소중한 경험들을 하고 많은 것을 배웠지만, 특히 내세우고 싶은 것은 세 가지다. 첫째 스스로 생각하는 법, 둘째 즐겁게 공부하는 법, 그리고 여러 사람과 함께 협동하는 법이다.

　초등학교 때 국어 공부를 하면서 가장 혼란스러웠던 것은 교과서 질문 중 '자신의 생각과 느낌을 적어 보시오.'였다. 나는 정말로 내 생각과 느낌을 적었는데 '전과'에는 다른 답이 적혀 있었고, 내 생각과는 상관없이 그 답을 써야만 정답으로 인정되는 경우가 많았다. 어린 마음에 '이렇게 답이 정해져 있으면 왜 내 생각과 느낌을 묻는 것일까?' 혼란스러웠다. 그리고 중학교에 올라가면서 나에게도 요령이라는 게 생겼다. 출제자가 원하는 답을 외워서 적었다. 답은 맞혔지만 이럴 거면 문학이란 걸 배우는 의미가 뭘까? 하는 의문은 계속되었다. 그리고 고등학교에서도 나는 또 같은 의문과 마주했다. 하지만 이번에는 달랐다.

시를 배우기 전 선생님들은 내가 느끼는 감정과 느낌을 먼저 적도록 했고, 그 후 시를 해석하는 법을 알려 주셨다. 나는 그렇게 나의 생각과 시인, 작가의 생각을 비교하면서 공감하고 공부했다. 고등학교 3학년 때 국어 선생님께서 시 수업 중 백석 시인과 시인의 여인인 자야의 이야기를 들려주셨다. 그때 시인의 이야기를 들으면서 처음으로 시를 읽고 감동을 받았다. 당시는 중간고사가 얼마 남지 않았는데도 나는 수업에서의 여운을 느끼고 싶어 길상사를 다녀오기도 했다. 스스로 생각하고 스스로 적어 보고 스스로 말을 해 보니, 내가 가지고 있는 생각들을 정리하고 다른 사람들에게 이야기하는 것도 훨씬 편해졌다. 그리고 이것이 다른 활동들에도 기반이 되어 주었고, 지금까지도 나에게 힘이 되고 있다.

공부가 항상 즐겁고 재미있었다고 말하면 새빨간 거짓말일 것이다. 나는 학교를 다니며 인생만큼 내 맘대로 되지 않는 것이 바로 공부와 성적이 아닐까라고 생각해 본 적도 있었다. 그런데 항상은 아니지만 사실 즐겁게 공부한 적도 많았다. 친구와 함께 공부할 때였다. 처음에 나는 친구와 함께 공부를 하는 건 너무 위험하다고 생각했다. 그런 내 생각이 바뀐 건 1학년 한국사 수업 시간이었다. 선생님은 하브루타(charusa, chavruta 또는 havruta) 식 수업을 진행했는데, 일대일 멘토링 형식으로 선생님의 수업을 들은 후 바로 수업 내용을 친구에게 설명해 주는 것이다. 설명 중에 틀린 부분이 있으면 상대방이 고쳐 주고, 또 친구에게 가르쳐 주듯이 설명하면 기억에 더 오래 남았다. 이렇게 공부를 하면서 역사 공부가 정말 즐거워졌고, 3년 동안 기복이 심했던 여러 교과목 성적 중에서 역사 과목만은 꾸준하게 점수가 잘 나왔다.

이것 말고도 친구와 '함께' 공부하는 방법은 또 있다. '두레'다. 학생 자율 소규모 동아리쯤이라고 생각하면 될 것이다. 나는 고등학교 2학년 여름방학 영어 모의고사 방과 후에서 마음이 맞는 친구들과 방과 후 연장선으로 영어 모의고사 두레를 만들어 함께 공부를 했다. 각자 영어 듣기, 단어, 모의고사 문제 역할을 나눠 서로서로 검사해 주면서 함께 지문을 해석했다. 여기서 더 나아가 수학 학원을 다니지 않았던 나는 영어 모의고사 두레로 친해진 친구에게 수학을 배웠다. 이때 나의 '인생' 수학 점수를 받았다. 각자 공부 스타일은 많이 다르고 그것을 알아차리기까지 꽤 많은 시도들이 필요하긴 하다. 운이 좋게도 나는 그것을 빨리 찾을 수 있었고, 적용해 볼 수 있는 환경이 있었다.

내가 학교생활을 하면서 얻은 가장 큰 선물은 아마도 '여러 사람과 협동하는 법'을 배운 것이 아닐까 싶다. 1학년 때 처음 입학해서 정말 당황했던 점은 모둠 활동과 토론 활동이 '많다'는 점이었다. 그리고 2학년이 되어서 놀랐던 점은, 1학년 때보다 '더 많다'는 것이었다. 많은 수업이 여러 사람의 노력과 참여를 필요로 했기 때문에 자연스럽게 서로 소통하고 이야기하는 법을 배우게 되었다. 그리고 조직 안에서 어떻게 움직여야 할지, 어떻게 하면 더 효율적으로 좋은 과정과 결과를 만들어 낼 수 있는지도 배우게 된 것 같다. 이렇게 조금씩 쌓은 노하우들은 후에 협동조합 활동을 하는 데 많은 보탬이 되었고, 그 때문에 더 많은 경험을 하면서 성장할 수 있었다.

♡ 또 다른 미래를 준비하면서

앞서도 얘기했지만, 나는 2학년 2학기 기말고사가 끝나고 3학년이 되기 위한 준비를 할 때쯤 어느 대학을 가야 할지에 대한 고민이 많았다. 내가 고민하는 내용을 알게 된 담임 선생님께서 "1순위부터 12순위까지 다 적어 와 봐."라고 하셨고, 그 말에 따라 그동안 하고 싶다고 생각했던 것들을 하나하나 적어 가면서 각각에 대한 자료들도 찾아보고 고민도 많이 했다. 그리고 최종적으로 다양한 경험과 배움을 추구하는 데 기본이 되어 줄 것 같아 경영학과를 희망했다. 그렇게 정하자 별다른 큰 고민은 없었다. 그래도 어느 학교에 어떤 학과들이 있는지 한 번 찾아보고 싶었다. 그렇게 찾아보던 중 '아트 앤 테크놀러지'에 대해 알게 되었다. '아트 앤 테크놀러지'는 융합 전공으로 예술, 인문학, 기술을 모두 배우는 학문이었다. 다양한 것을 배우고 싶어 하는 나에게 굉장히 매력적으로 느껴졌기에 경영학과와 아트 앤 테크놀러지로 전공을 정하고 입시 준비를 시작했다.

학생부 종합 전형은 예측이 불가능하다. 나는 6개의 대학에 학생부 종합 전형으로 지원했다. 불가피했지만 무모한 도전이었다. 자기소개서는 보통 딱 3명의 선생님과 함께 준비하라고 말한다. 담임 선생님, 나를 잘 아는 선생님, 나를 전혀 모르는 선생님. 자기소개서를 쓰다 보면 불안감에 여러 사람에게 의견을 물어 보면서 쓰게 되는데, 나는 복잡해지는 것이 싫어 오직 담임 선생님에게만 첨삭을 부탁드렸다. 2개의 다른 자기소개서 포트폴리오를 준비했는데 문항 2번과 3번은 협동조합 활동과 관련해서 썼다. 아트 디렉터가 되고 싶어 예술과 경영의 교집합점을 만들면서 내가 기획하고 시도한 활동들과 갈등 관리 상황들을 서술했다.

면접은 두 번 봤다. 나는 개인적으로 면접을 재미있어 했다. 특히 창의 면접을 보는 모 여대 면접을 준비할 당시엔 일주일 동안 매일 전년도 제시문들을 가지고 연습했다. 이 면접은 종이에 발표 자료를 준비해서 제시문을 해석하고 그에 관한 의견을 발표하는 형식이었다. 논리적으로 답하는 방식과 사진을 창의적으로 해석하는 법, 보기 좋은 발표 자료를 시간 안에 준비하는 것이 면접장에서 시간을 단축하는 데 많은 도움이 되었다. 특히 협동조합 활동을 통해 배운 가치나 지식들을 활용할 수 있는 제시문이라 비교적 수월하게 답할 수 있었다.

면접관들은 내가 어떤 상을 수상했고, 어떤 활동들을 스스로 기획하고 실행했는지에 관해 질문했다. 나는 학생부 종합 전형을 준비하는 학생들에 비해 수상 경력은 적었지만 특이한 상들을 많이 받았다. 소논문 쓰기 대회에서 두 번 상을 받았는데 이것들 모두 협동조합에 관한 나의 탐구와 사회적 경제(기업)를 통해 미술의 불평등을 해소하는 탐구에 관한 내용들이었다. 즉 수상 기록과 내가 해 온 활동들의 연결점이 많았기 때문에 내가 원하는 흐름으로 이야기를 이끌어 갈 수 있었다.

나는 고등학교에 입학하기 전 '좋은 대학'에 가야겠다는 생각으로 유명 입시 학원들에서 하는 입시 설명회를 많이 들으러 다녔었다. 그때마다 나는 학생부 종합 전형을 준비하는 것이 좋을 것 같았다. 그리고 삼각산고에서는 정시보다는 수시, 특히 학생부 종합 전형으로 가기에 좋은 조건들을 두루 갖추고 있었다.

고등학교 3년 동안 나는 다양한 활동을 하면서 최대한 많이 배우려고 했다. 어떤 활동을 했다는 것이 중요한 것이 아니라 어떤 활동을 했던 그것을 통해 무엇을 배웠고 어떤 성장을 했는지, 어떤 가능성을 가지고 있는지를 보여 주는 것이 중요하다고 생각했기에 학생부 종합 전형을 준비하면서 나에게 부족한 부분이 무엇인지 찾아서 채우려고 노력했고, 풍부한 부분은 더 부각될 수 있도록 노력했다.

입시를 준비하면서 느낀 점이 세 가지 있다. 첫째, 자존심을 굽히고, 고집도 굽혀야 한다. 그러나 자존감은 높게! 둘째, 철저한 자기 파악이 필요하다. 셋째, 미리미리 챙겨 놔야 한다.

입학 원서를 쓰면서 성적보다 상위권에 있는 대학을 고집하는 학생들이 많다. 대부분 선생님들은 데이터로 말씀하신다. 성급한 일반화에 빠져서도 안 되지만 그래도 감보다는 더 정확하다는 뜻이다. 선생님이 추천해 주는 학교 세 곳, 내가 원하는 학교 세 곳에 지원하는 것으로 타협을 보는 것이 좋지 않을까 싶다. 하지만 잊지 말아야 할 것 하나. '자존감'이 높아야 한다. 수험생 카페에 들어가 보면 대단한 성적과 스펙을 가지고 있는 사람들이 많다. 나 역시 그런 사람들을 보고 기가 많이 죽어 힘들었다. 그러나 그들의 우월한 조건들을 너무 부러워하지 말았으면 좋겠다. 우리 모두는 조금씩 다른 창의성과 재능, 매력을 가지고 있기 때문이다.

그리고 철저한 자기 파악. 이것은 앞의 말과 연관이 있는데, 자기가 어느 정도 위치에 있으며, 어느 정도 대학에 원서를 넣을 수 있는지를 파악해야 한다. 사실 학생부 종합 전형은 변수가 많아 예측 불가능하기 때문에 교과를 추천하고 싶다. 나는 교과를 너무 넣고 싶었지만 그러지 못해서 아쉽다. 만약 시간을 되돌릴 수 있다면 열심히 공부해서 교과를 준비했을 것이다. 더불어 자신의 특징과 재능, 매력을 잘 살려 '콘셉트'를 잡아야 한다. 자기소개서와 면접에서 입학 사정관들이 나를 어떻게 봐줬으면 좋겠는지 결정해서 그 모습을 자신에게 입히는 것이다. 나는 고민 끝에 '남들과 다른 창의력과 기획력을 가지고 협동할 줄 아는 리더십을 가진 Change Maker'로 콘셉트를 잡고 자기소개서와 면접을 준비했다.

입시 준비를 하면서 가장 힘들었던 것은 고등학교 3학년 공부를 미리 챙기지 않았던 것이다. 3학년에 올라가기 전에 부족한 공부도 챙기면서 예습을 했어야 했는데 그렇게 하지 않았다. 이때 미리 준비했다면 수능 성적도 같이 챙겨서 최저기 있는 곳을 쓸 수 있지 않았을까 하는 아쉬움이 계속 3학년 2학기 동안 나를 힘들게 했다. 더불어 협동조합 활동을 함께 병행하는 것도 힘들었다. 닥쳐서 일을 하는 경우가 많은데, 고등학교 3학년 때는 미리미리 해 놓는 습관이 있었다면 더욱 좋았을 것 같다.

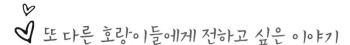

♡ 또 다른 호랑이들에게 전하고 싶은 이야기

나는 학교협동조합에도 나름의 육하원칙이 있다고 생각한다. 호기심, 도전, 실패, 성찰, 성장, 가능성이 그것이다. 협동조합 활동을 정말 열심히 경험한 친구들이라면 아마 거의 모두 동조할 것이라고 생각한다. 내가 협동조합 활동을 같이하고, 협동조합 활동을 시작하는 친구들에게 항상 하는 말이 있다. "대학에 진학하기 위한 스펙을 위해서 협동조합 활동을 하는 것이라면 시작도 하지 마라."이다. 학교협동조합 활동은 실제 활동량도 많고 투자해야 하는 시간도 많다. 자칫하면 공부할 시간도, 체력도 빼앗

기면서 활동해야 되는 시기도 있다. 이럴 때 대학에 가기 위해 활동을 하는 친구들은 쉽게 지친다. 협동조합 활동들에는 진심이 있어야 하며 소중함도 느껴야 하고 노력도 해야 한다. 앞에서 말한 육하원칙의 과정을 모두 거칠 각오가 되어 있어야 한다. 하지만 오직 대학만을 위해 하다 보면 '적당히' 활동하기 마련이다. 자신의 상태를 컨트롤하며 대학에 가기 위해 협동조합 활동을 시작하는 것이 나쁘다는 것은 아니다. 하지만 대학이 첫 번째가 돼서는 안 된다는 것이다. 이것은 본인의 진정한 성장을 위해서도, 그리고 옆에서 노력하고 있는 친구들을 위해서도 꼭 염두에 두어야 한다.

♡ 에필로그

대학에 입학한 현재 나의 목표는 평생 동안 하고 싶은 일을 찾는 것, 차근차근 하나씩 내가 계획한 것을 이루는 것이다. 협동조합 활동을 하면서 나는 '대학에 가서도, 사회에 나가서도 계속 협동조합 활동을 할까?'라는 고민을 한 적이 있다. 나의 대답은 'YES'이다. 내가 여러 사람의 도움을 받아 성장할 수 있었던 것처럼 나 또한 후배들과 학교협동조합을 시작하는 사람들에게 보탬이 되고 싶다. 다만 아직은 정확히 내가 어떤 일을 할지, 어떤 사람이 되어야 할지 잘 모르겠다. 한 가지 확실한 것은 협동조합 활동을 통해서 배운 협동의 가치는 평생 가지고 갈 것이다.

학교협동조합은 내가 고등학생으로서 하기 힘든 소중한 경험들을 주었다. 그리고 어떤 무모한 도전을 하더라도 믿어 주고 응원해 주는, 함께해 주는 좋은 사람들을 알게 해 주었다. 협동조합 활동을 하면서 나의 지난 모습을 성찰할 수 있었고, 성장할 수 있었디. 하지만 협동조합 활동이 나에게 준 가장 큰 신물은 가능성이다. 내가 어떤 일이든지 최선을 다해, 애정을 담아, 모두와 함께할 수 있는 역량을 가진 사람이라는 가능성을 보게 해 주었다. 그리고 내가 가치 있는 사람이라는 것을 일깨워 준 나의 소중한 '체인지 메이커'였다.

우리들의 <u>학교협동조합</u> 이야기

사람이 모인다,
꿈이 보인다

임세라(흥덕고등학교 졸업생)

학교협동조합의 목표는 '교육협동조합'이다. 알다시피 '교육'이란 결과를 바로 보여 주지 않는다. 그렇다고 쉬운 길도 아니다. 애초에 교육에는 왕도가 없지 않은가.

어쩌면 아직도 많은 학부모님과 선생님들께 학교협동조합은 열지 말아야 할 판도라 상자와 같을 것이다. 열어서 어떤 교훈이 있을지도 모르고 해야 할 일만 산더미처럼 불어난다고 생각할 것이다. 수없이 많은 관련 교육도 받아야 하고, 따라오는 행정 업무도 적잖다. 사람들과의 만남도 지속해야 한다. 게다가 협동조합을 시작한다고 해서 학생들의 공동체 의식이 '바로' 늘어나는 것도 아니다.

'그런데도 해야 할까? 그럴 가치가 있을까?'

나는 이 질문에 대한 답을 이제 시작하려고 한다. 학교협동조합이 판도라의 상자라면 그 상자에 마지막 남은 '희망'이 남아 있듯, 학교협동조합을 향한 노력이 결국엔 수많은 의문과 불신을 해소할 '희망'을 만들 것이라 믿기 때문이다.

♡ 아이와 어른 사이에서 만난 우연한 이끌림

고등학교에 진학하기 전, 나는 나름대로 사춘기의 반항기를 겪고 있었다. 당시의 나는 사춘기에 들어선 지도 모른 채 나의 감정이 이끄는 대로 살았다. 수업도 기분이 좋은 날엔 열심히 듣고 아닌 날엔 멍하게 칠판을 보고, 그러면서도 딴짓을 하다 걸리면 선생님의 지적을 듣게 될까 노트를 끄적거리고 시계를 보며 시간을 보냈다. 성적표는 당연히 그 기복을 고스란히 반영해 올라갔다가 내려갔다가를 반복하며 지그재그를 그렸다. 그중 수학은 너무나도 싫어해 시험을 치면 항상 70점을 넘지 못했고 그걸 보신 부모님은 학원에 다니길 권유하셨다. 하지만 '왜' 수학을 해야 하는지 설명해 주지 않는 어른들과 기계처럼 수학 문제를 끝없이 풀면서 "학원 가기 싫다."를 반복하는 친구들을 보며, 수학은 어느새 나에겐 그저 '영혼 없는 일'로 각인되었다. 간신히 친구들과 재미있게 하던 방과 후 수업으로 진도를 따라갔지만 나에겐 필요 없는 과목이라 치부했다. 어느 순간부터 나는 "수학 공부하기 싫다."를 습관처럼 입에 담아 두는 학생이 되었다. 물론 사춘기라고 해서 모든 게 싫었던 것은 아니다. 좋아하는 일도 있었다. 그건 바로 진로 시간이었다. 생각하면 꾸준히 그 시간을 좋아했다.

친구들은 진로 시간에 특기나 잘하는 걸 쓰는 것 자체가 사람들이 자신에게 무언가 바라는 것이 있거나 강요하는 것 같아서 답답하게 느끼는 것 같았다. 그러나 나는 내가 좋아하는 것을 내 마음대로 선택하는 것이 오히려 자유롭게 느껴졌다.

　나는 여행 다큐멘터리 보는 걸 좋아했고, 사람들의 이야기를 듣는 게 좋았다. 그러다 보니 진로도 좋아하는 역사에 맞춰 조금씩 변화했고 역사학, 고고학, 미술을 전공하고 싶어졌다 친구들은 나의 생각을 알고는 응원해 줬지만 어른들은 그러지 않았다. "그런 거 하고 살다간 굶어 죽을걸?" 농담처럼 하는 말인 걸 모르는 것도 아니었지만 그런 말을 들을 때면 괜스레 자존심이 상했다. 내가 좋아하는 것이 무언가에 가로막힌다는 게 불쾌했는지도 모르겠다. 지금이야 직업과 생계가 중요하다는 걸 잘 알고 있지만 그땐 정말 '좋아하는 일을 하다 죽자.'는 무모한 정신만 가득했다. 목표가 이렇게 단순 명확(?)하니 불안 따위도 없었다. 당연히 내가 노력한다면 이룰 수 있을 것이란 믿음과 열정이 컸다. 나에게 진로 시간은 '무엇이 되고 싶은지'가 아니라 마음껏 '미래의 나를 상상할 수 있는 시간'이었고, 그 자체를 즐길 수 있는 그 시간이 좋았던 것 같다.

　중학교 2학년이 되었을 때, 그제야 학교생활에 대해 고심하기 시작했지만 동아리를 정하려니 막막했다. 딱히 잘하는 것도 없고 그렇다고 싫어하는 것도 없으니, 어디에 들어가든 잘 적응하리란 자신감도 없었다. 그러다 얼결에 신문부에 들어갔다. 책이라면 만화책만 보던 내가 무엇에 이끌려 신문부에 들어갔는지는 지금도 의문이지만, 생각지도 못하게 신문부에서 잊지 못할 경험을 만들었다.

신문부에서 주로 하는 일은 아이디어 회의였다. 신문에는 관심도 없었고 어떻게 기사를 써야 할지 막막하기만 해 동아리 시간이 버겁기만 했다. 창의적인 생각을 해내야 한다는 부담감도 나를 짓눌렀다. 너무 아이디어가 나오지 않아 힘들어하는데 선생님께서 좋아하는 걸 살려 보라고 했다. '좋아하는 것? 그게 뭐였지? 내가 좋아하는 긴 이야기를 듣는 건데….' 하는 생각을 하니까 뭔가 실마리가 풀리기 시작했다. 나는 선생님들을 인터뷰하겠다고 마음먹었다. 그냥 내본 아이디어였는데 담당 선생님은 칭찬을 아끼지 않았고 나는 신이 났다. 선생님의 조언을 토대로, 학생들이 선생님들의 삶을 들으며 교훈을 찾을 수 있는 인터뷰를 구상했다. 당시 시험 기간이라 선생님들께 질문지를 드리며 인터뷰 요청을 했는데, 뜻밖에도 가장 존경했던 선생님을 직접 인터뷰할 기회가 생겼다. 선생님은 나에게 어렸을 적부터 선생님이 되기까지의 이야기를 해 주셨고 선생님의 눈빛도 그 시절을 회상하듯 달라졌다. 인터뷰를 하는 동안 어느 새 나는 선생님의 이야기에 '공감'하고 있었다. 그전까지 내게 '공감'은 교과서에서 배운 단어에 불과했지만 선생님과 인터뷰를 하면서 '공감'이 무엇인지 느끼게 되었다. 그 인터뷰를 기점으로 공감과 타인과의 관계가 무엇인지 조금씩 알아챘고, 중요하게 여겨야 한다는 어떤 '이끌림'을 느꼈다.

지금 생각해 보면 그때가 협동조합에 끌리는 사람이 되어 가는 운명 같은 '과정'이 아니었을까 생각한다.

♡ 서로 마주 보는 학교

　　고등학교 진학 상담 중에 "너와 잘 맞을 학교"라는 말을 듣고 홍덕고등학교의 입시 설명회를 들으러 갔는데 다른 학교와는 뭔가 달랐다. 홍덕고는 성적이 우수한 학생들을 어떻게 대우할 것인가에 대해서 말하는 게 아니라 '학생들의 진로를 위해서 얼마나 다양한 제도를 운용하고 있는지'를 강점으로 말했다. 학교를 '배움 공동체'라 부르고 '교육의 3주체(교사, 학생, 학부모)'에 대해 말하기도 했다. 모두 처음 듣는 이야기였다. 그리고 질의 응답 시간. 아직도 기억에 남는 생생한 한마디가 있었다.

　　"이곳의 선생님들은 자신만의 교육적 자존심과 자부심이 있으십니다. 믿고 오셔도 됩니다."

　　한 선생님의 강단 있는 목소리가 귀를 강타했다. 학교에 대한 학부모와 학생들의 불안을 잠재우는 말투였다. 그 순간 내 마음 속에서 뭔지 모를 확신 같은 것이 생겨났다. 선생님의 그 한마디에서 홍덕고에 가면 무언가 분명 배울 것이라는. 그리고 내가 지향하는 가치를 담으며 진로를 고민하고, 끊임없는 경쟁에 쫓기지 않아도 될 것 같았다. 입시 경쟁에서의 높은 승률을 자랑스레 말하는 학교들에 끌리지 않았던 나에게 홍덕고는 가장 편안하게 들을 수 있는 입시 설명회로 각인되었고, 그렇게 홍덕고에 입학하게 되었다.

홍덕고는 교실의 책상 배치부터 달랐다. 처음에는 그 자체만으로도 일종의 충격을 받았다. 혁신학교라는 특성상 토론 수업과 모둠 수업이 주를 이루어서 학생들끼리 얼굴을 마주 봐야 하기 때문에 책상이 'ㄷ'자 모양을 이룬다. 그것도 모든 과목의 책상 배치가 'ㄷ'자형이다. 수업하기 전 오리엔테이션 시간에 선생님들께선 '함께하는 수업'을 강조하며, 특히 모든 학우가 참여할 수 있게 독려해야 한다고 강조했다. 학기 초반에는 그 말의 의미가 금방 머리로 이해되지도, 가슴으로 와 닿지도 않았다. 나와 같은 이유에서인지 '함께한다는 것'에 반기를 드는 친구들도 꽤 있었다. 학교에 지각하지 않게 도와주고, 수업 시간에 자는 친구들을 깨우고, 스마트폰을 하지 않기 위해 고민하는 행위가 익숙하지 않았다. 거창하게 '누구에게나 안전하고 행복한 공동체를 위해서'라는 말을 할 만큼 삶에 대한 철학도 없었다. 우리는 모두 그랬다.

하지만 학교생활을 하면서 2명씩 나란히 앉는 것보다 모둠으로 마주 보고 앉는 게 자연스레 한마디의 인사라도 나눌 수 있다는 것을 느꼈다. 친구의 학습권을 챙기는 행위로 학생은 같이 수업을 만들어 가는 존재가 맞음을, 지식은 구성원 간의 공유가 필요하다는 것을 느꼈다. 친밀감은 쉬는 시간에만 쌓이는 게 아니었다. 마주 보고 앉아 수업을 하면서 조금씩 우리에게, 나에게 스며들었고, 우리는 그렇게 '함께'하면서 가까워져 갔다.

그리고 내게도 변화가 일어났다. 학교 졸업 후 무슨 일을 하고 살 것인지에만 집중하던 내가 혁신학교에서 하루하루 수업을 받으며 따뜻한 공동체를 만들 수 있는 사람이 되자는 식의, 나름 도덕적인 지향점을 발견한 것이다.

♡ 새로운 관심사

1학년 때 가장 기억에 남았던 일은 '농촌 봉사 활동'이었다. 다른 학교에서도 다양하게 시행되는 농촌 봉사 활동은 수련회 대신 각 반이 여러 농촌 지역에 가서 일을 하며 농촌의 현실을 이해하고 서로에 대한 배려를 체득하는 데 의의가 있었다.

우리 반은 농업기술센터에서 기본적인 농산물에 관한 강의를 듣고 일을 할 마을로 갔다. 이장님께 인사를 드리고 자연스레 친구들과 뿔뿔이 흩어져 일손을 거들었다. 첫날은 마을의 사당 뒤에서 잡초를 뽑고 또 뽑고 계속 뽑았다. 그다음 날엔 인삼밭에서 비닐을 거두고 또 거두었다. 말 그대로 농촌 봉사 활동이다 보니 노동을 주로 하긴 했지만 노동만 하는 것은 아니었다. 그 지역 사람들과 대화하며 삶을 이해하는 활동도 있었다. 우리 반도 봉사 활동을 마치고 떠나기 전날 저녁, 이장님과 그 지역 농민회 분들과 간담회를 가졌다. 육체노동이 고되다는 건 단 이틀간의 경험으로도 모두가 공감했지만 고령화로 인한 생산 인력 부족, 낮은 곡물 자급률, 농업을 천시하는 경향 등 농업인으로서 가지는 고

됨과 힘듦도 느낄 수 있었다. 다른 친구들도 공감하여 다들 조용히 생각에 잠기는 눈치였다. 이후 나는 농촌과 농업에 대한 관심을 키우기 시작했다.

농촌 봉사 활동과 수업이 연계되자 나는 호기심을 느끼면서 어느 순간 '능동적인 학습자'로 변해 갔다. 사회 수업 시간에 FTA(자유무역협정)와 쌀 수입 개방 문제를 두고 토론을 했는데, 자주 논하는 주제가 아님에도 농촌 봉사 활동의 영향이었는지 우리의 토론은 열정적으로 이루어졌다. 가정 시간에는 식생활과 연관하여 곡물의 자급률이 왜 높아야 하는지와 유기농 식품, 로컬 푸드를 주제로 토론 수업을 이어 나갔다. 토론 수업을 하면서 농촌 봉사 활동에서의 소감을 다시 공유하고 지속가능한 소비를 위한 개인 · 사회 · 국가적인 차원의 실천 방안도 고민했다.

고민하는 방식은 늘 '함께'였다. 내가 혼자서 해결 방안을 탐색하는 게 아니라 친구들과 함께한 경험을 나누며 토론을 하는 건 정말 신선하고 즐거운 경험이었다. 토론은 항상 '나의 실천'을 바탕에 두고 진행됐기 때문에 실제로 식품을 구매할 때 생산자나 유통자의 입장을 고려하며 구매하는 법을 배웠다. 수업이 진행되면서 소비자로서의 삶도 나의 정체성의 한 부분이라는 것을 알게 되었다.

나는 "수업은 실생활에 쓸 데 없다."고 말하는 친구들에게 "직접 경험한 것을 바탕으로 토론을 해 보라."고 권한다. 나의 경우 봉사 활동과 실생활, 수업이 연장선상에 있었기에 배운 내용대로 주도적으로 실천할 수 있었다. 홍덕고가 제시하는 활동과 수업의 연계성은 문자 그대로 '삶을 앎으로, 앎을 삶으로 가져오는 교육' 이었다.

♡ 작은 것에서 시작한 일에서 꿈꾸던 이상을 만나다

나는 원래 매점에는 관심이 전혀 없었다. 군것질을 좋아하지 않으니 매점이 없다고 해도 딱히 불편할 게 없었다. 하지만 가정 시간에 농약과 식품 첨가물의 잠재적 위험성에 대해 배우면서 식품이 신체에 주는 영향을 알게 되자 앞으로 학교에 들어서는 매점에서 어떤 식품을 팔 것인지가 궁금해지기 시작했다. 그저 작은 궁금증일 뿐이었다.

그런데 내가 흥미를 갖고 있다는 걸 안 담임 선생님께서 협동조합 매점 교육에 대해 들어 보라고 추천해 주셨다. 이때만 해도 절대로 내 진로가 변할 거라고는 상상도 못 했고, 교양 차원에서 들어 보자는 정도의 관심이 있을 뿐이었다. 그때까지 난 '협동조합'이라는 단어도 들어 보지 못했고, 심지어 집 앞에 있는 농협의 '협'자가 협동조합을 의미하는지도 몰랐을 정도였다.

어쨌든 좋은 먹거리에 대한 관심 하나로 신청한 교육을 받으면서 내가 의도한 바와는 다르게 흥미가 생기기 시작했다. 강의는 협동조합의 기초 소양을 시작으로 7대 원칙에 이어 협동조합의 구성 요소라 할 수 있는 '필요·규칙·자원'을 사회적 협동조합에 맞춰 생각해 보는 것으로 진행되었다.

교육을 통해 알게 된 협동조합은 내가 꿈꾸던 이상적인 세계를 보여 주었다. 강의를 통해 알게 된 '사회적 기업'은, 기업은 돈만 버는 존재라는, 내가 갖고 있던 부정적 편견을 깨부쉈다. 민주적으로 운영하고 사회저 가치를 재생산해 내며 무엇보다 지역사회에 기여하는 것을 원칙으로 내세우고 있었다. 나는 사람이 중심이 서는 '그런 기업'에서 일하고 싶다는 생각이 들었고, 그런 곳이라면 돈을 버는 과정조차 일반 기업에 비해 훨씬 더 인간다움이 살아 있을 것이라는 생각이 들었다.

교육을 받는 동안 친구들과 앞으로 학교에 들어설 매점의 규칙과 필요를 고민하여 카드에 적는 게임을 했다. 나는 교육을 받게 된 동기대로 필요에는 '유기농 식품'을 쓰고 규칙에는 '수익을 학교에 기부해 장학금으로 활용하기'를 썼다. 먼 미래를 상상하는 게 아니라 실제로 매점의 모습을 기획해 보는 경험은 협동조합 교육 시간에 배운 내용을 현실에 담아 내는, 색다른 시간이 되었다.

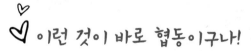

이런 것이 바로 협동이구나!

매점을 협동조합으로 운영하면서 '이게 협동이구나!' 하는 생

각을 한 것은 다른 동아리 친구들이 모여서 홍덕고 사회적 협동
조합인 홍덕쿱의 내부 인테리어를 마감하면서였다. 개점하기 전,
홍덕쿱의 공사는 끝났지만 학교 매점이라고 하기에는 딱딱하고
삭막한 느낌이 강했다. 아이들에게 편안한 공간, 자주 찾아오고
싶은 공간이 되기엔 부족했다. 하지만 미술 동아리 친구들과 선
배들이 재능 기부로 인테리어를 손보면서 매점은 활기가 돌기 시
작했다. 친구들은 매점 유리에 과자를 캐릭터처럼 그려 넣기도
하고 색색의 분필로 글씨를 쓰며 메뉴판을 꾸몄다.

　예술계 친구들의 재능을 살리는 사례는 이뿐만이 아니었다.
홍덕쿱을 어떻게 소개하는 것이 효과적일까 고민하던 차, 깔끔

[그림1] 매점의 인테리어는 미술 동아리의 재능 기부로 완성되었다.

하게 영상을 잘 만들던 친구가 홍덕쿱을 소개하는 영상을 만들었다. 덕분에 학생들에게 학교협동조합을 이해시키기가 쉬웠고, 왜 매점이 협동조합으로 운영되어야 하는지에 대한 답변도 줄 수 있었다.

함께 작업하던 친구 하나는 미술대학 입시를 준비하며 홍덕쿱 로고를 만든 것이 디자인 인생의 시작이었다고 했다. 협동조합을 공부하며 들었던 말 중 가장 가슴을 울리는 말이었다. 학교협동조합 안에서 각자 생각하는 진로는 달라도 개성에 따라 다른 꿈을 꾼다는 건 얼마나 멋진가. 친구의 말을 곰곰이 생각해 보니 학교협동조합은 학생들의 다양성을 가장 잘 살릴 수 있는 그릇과도 같았다.

자율 동아리 내에서 하는 활동도 의의가 컸지만 협동조합 활동은 더 넓은 협동으로 나아가는 길을 보여 주었다. 틀에서 벗어나 타 동아리 학생들과 어울린다는 건 공동체의 범위를 넓히는 길이자 더 다양한 꿈을 꿀 수 있도록 했다. 만약 누군가 매점이 어떻게 학생들의 친구가 될 수 있느냐고 묻는다면, 학생들의 노력이 모여 만든 아름다움이 보이기 때문이라고 말하고 싶다.

♡ 나는 협동조합 안에서 조금씩 성장하고 있었다

협동조합 매점 홍덕쿱 동아리가 만들어지고 구성원을 모집한다는 소식이 들려왔다. 동아리는 홍보, 경영, 기획, 환경부로 나뉘어 있었는데 내가 가장 관심이 갔던 부서는 홍보부였다. 홍덕쿱과 학교협동조합에 대해서 안 지 얼마 되지 않아 홍보부에서 활동하기엔 지식이 부족하다는 생각도 했지만, 학생들에게 홍덕쿱을 알리기 위해서라도 협동조합에 대해 공부할 의욕이 충분했고 매점에 관심이 있는 친구들을 직접 만날 수 있을 거라는 부푼 마음도 있었다. 목표 의식이 있으니 떨려도 용기가 났고, 다행히

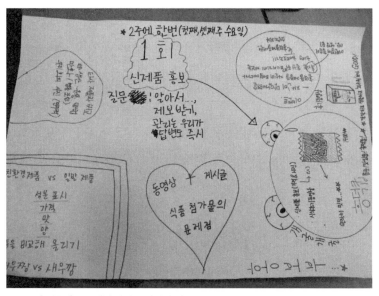

[그림2] 홍덕쿱 홍보부에서 하던 아이디어 회의

I love 학교협동조합

면접에 통과해 홍보부에 들어갈 수 있었다.

동아리 활동은 '사회적 경제'와 '윤리적 소비'에 대해 배우는 것으로 시작됐다. 그때 처음 사회적 경제라는 단어를 알게 되었다. 나는 사회적 경제의 효과로 인한 선순환 구조가 소비자뿐 아니라 생산자에게도 이롭다는 것이 마음에 들었다. 내가 학교협동조합 활동을 함으로써 신순환 구조에 기여한다는 사실에 뿌듯했고, 사회적 경제에 대해 더 배우겠다고 결심했다. 나는 학교협동조합의 장점들을 정리하며 학교협동조합에서의 실천을 농촌 봉사 활동과 가정 수업에서 고민한 '나의 사회적 실천'으로 정했다.

강의가 끝난 후 임원들끼리 사업 계획을 구상해 보는 시간을 가졌다. 홍보부에 있다 보니 기획팀이나 교육팀에서 나온 내용을 어떻게 잘 담아낼 수 있을 것인가가 관건이라고 생각했다. 그러려면 학생들에게 부담 없이 친밀하게 다가가는 것이 중요했다. 협동조합을 모르면 그 자체를 어렵게 생각해 홍덕쿱을 외면할 수도 있기 때문이다. 모두 비슷한 의견들이었기에 우리는 학생들이 손쉽게 접근 가능한 페이스북을 이용하기로 했다. 함께 토론을 거듭하는 동안 조금씩 홍보부로서 해야 할 일이 보이기 시작했다. 홍덕쿱과 협동조합에 대해 배울수록 내가 해야 할 일은 다른 친구들의 참여를 이끌어 내는 것이라고 깨닫게 되었다.

학교협동조합을 운영하고 있는 친구들이 있다면 나는 지속적인 자치 시간이 중요하다고 말하고 싶다. 우리 동아리는 조회 전 아침 시간을 활용해 전체 회의 겸 부서 회의를 했다. 아침에 회의를 하는 건 성실성을 요구하는 어려운 일이었다. 일찍 일어나야 하고, 때로 늦게 오는 친구들도 기다려야 하며, 아침부터 아이디어를 내야 했다. 그러나 그런 3년간의 경험은 나에게 구성원끼리 소통 창구를 열어 두는 것이 얼마나 소중한가를 알게 해 주었다.

연간 계획을 세웠더라도 변수가 생기거나 학생들의 필요에 따라 계획을 변경해야 할 때가 간혹 있다. 그럴 때 문제는, 만나는 시간 자체를 내기 힘들다는 것이었다. 회의할 시간이 없으면 SNS를 이용해도 부서 내든 부서끼리든 소통이 쉽지 않았다. 때문에 흐지부지되거나 서로 말이 안 맞아 결국 포기한 행사도 있었다. 그러다 보면 서로 간의 신뢰가 약화되고 불만이 나오기도 한다. 이 문제를 해결하기 위해서 가장 중요했던 건 의견을 나눌 '시간' 이었다. 문제를 해결하기 위해 시간을 맞추거나 만나기 위해 공을 들였다. 무언가 이해가 안 되는 일이 있더라도 서로 얼굴을 보면서 대화하다 보면 자연스레 공감이 되고 차분히 말하는 법도 배울 수 있었다.

활동이 끝난 후라도 회의 시간은 중요하다. 종종 큰 행사가 끝나거나 학기 말이 되면 지치거나 게을러진다. 그러나 다시 얼굴을 맞대고 회의를 하면서 스스로를 성찰하기도 하고 부원들과 천천히 지난 일을 돌아보고 앞으로의 구체적인 방향도 제시하면서 또 새로운 시작을 위해 서로 응원하며 앞으로 나아갈 수 있었다. 학교협동조합이 가르쳐 준 것 중 하나는 구성원 간의 꾸준한 접촉이 자치를 만들고 협동을 일으킬 수 있다는 것이다.

[그림3] 흥덕쿱 분리수거 캠페인

학교협동조합이 무난히 정착하기 위해선 초반에 교육과 홍보를 정기적으로나 자주 하는 것이 필요하다. 흥덕쿱 활동 중 가장 고민을 많이 했던 것이 기초교육과 캠페인이었다. 학교 안에 매점이 있다면 누구나 공감하다시피 쓰레기 문제가 심각하다. 지금은 예전에 비해 많이 나아졌지만 매점 문을 연 초반만 해도 큰 고민거리였다. 쓰레기 문제를 해결하기 위해선 학생들의 분리수거 습관이 필요하다고 판단해 흥덕쿱에서 캠페인을 기획하였다.

바닥에 떨어진 작은 쓰레기들을 모아 한눈에 알아보게 스티로폼 패널에 붙이기도 했고, 무심코 버리는 쓰레기에 대해 알려 주는 캠페인도 열었다. 캠페인만으로는 큰 성과를 보지 못할 수도 있다는 예상은 했지만 결과는 역시였다.

캠페인이 끝났지만 쓰레기를 분리수거하는 학생들은 거의 보이지 않았다. 홍보부장을 맡고 처음 한 캠페인이었는데 실패로 돌아가 씁쓸했다. 그렇지만 기획하고 준비하는 과정은 헛되었다고 생각지 않는다. 그 과정을 통해 분리수거를 잘 못하던 내가 문제의 심각성을 인지하며 교내 환경을 챙기게 되었고, 또 부서 내 후배들을 어떻게 이끌지에 대한 생각도 깊어졌다. 무조건 성과를 내어 목표를 이루는 것이 중요하다고 밀어붙이지 않고, 실패해도 성장한다는 것을 말하자고 다짐했다.

♡ '함께'라는 건 느리지만 멀리 가는 것

분리수거 캠페인은 끝났지만 내가 할 일이 끝난 건 아니었다. 협동조합 매점이다 보니 꾸준히 학생들의 생각을 알고 필요로 하는 것을 듣는 게 중요했다. 다른 부서에서 시식회와 여러 이벤트 계획을 짜고 우리 부서에서는 홍덕쿱에 관한 인식 조사 및 협동조합의 장점을 홍보하기로 했다. 학생들의 생각을 알아야 학생들에게 맞추어 교육 내용을 정할 수 있고, 그런 과정을 거쳐야 동아리 후배들 역시 협동조합에 대한 공부가 될 거라 생각하였다. 알고 있는 것도 다시 한 번 공부하는 것이 중요하다고 생각해 후배들에게 협동조합 관련 책을 소개해 주며 협동조합의 장점을 알아오는 미션을 주기도 했다. 2학기 들어 부원들 모두 협동조합에 많이 익숙해져서인지 문헌 조사는 쉽게 이루어졌다.

캠페인은 점심시간 동안 시간대를 나누어 급식실 앞에서 벌였다. 예상했던 것보다 많은 친구들이 인식 조사에 참여해 주어 캠페인은 긍정적으로 끝났다. 결과 또한 나쁘지 않았다. 대체로 홍덕쿱이 유기농 식품을 파는 매점이라는 것은 알고 있었지만 협동조합이라는 것을 아는 학생들은 그에 못 미쳤다. 이번 인식 조사로 건설적인 결과를 얻으면서 우리 부서뿐 아니라 동아리 전체의 노력이 빛을 보는 것 같아 너무 뿌듯했다. "혼자 가면 빨리 가지만 함께 가면 느리지만 멀리 갈 수 있다."는 말이 가슴에 아로새겨진 경험이었다.

개인이 모여 공동체를 만들 듯 학교협동조합끼리도 소통을 하며 네트워크를 형성할 필요가 있다. 최근 들어 경기도교육청의 지원으로 경기도 내의 학교협동조합이 증가하며 사회적 경제를 공부하는 동아리도 많아졌다. 그래서 협동조합 연합 워크숍이나 홍덕쿱을 견학하러 오시는 분들과 대화하며 홍덕쿱 이후에 변화되는 협동조합 모델을 알 수 있었다.

연합 워크숍에서 다른 학교의 사례 발표를 통해 많은 학교가 협동조합 매점을 운영하고 있고 사회적 경제를 공부하는 동아리 역시 상당하다는 것을 알게 되었다. 그중에 가장 눈길이 간 것은 역시 '특성화 고등학교의 협동조합 모델'이었다.

특성화고 사례를 통해 '비즈쿨'이라는 개념도 배웠다. 학교교육에 비즈니스를 접목하여 기업가 정신을 기르는 것인데, '비즈쿨'을 활용한 예시들을 알아 가면서 그 안에서 남다른 창의성과 도전정신을 엿볼 수 있었다. 특히 학생들이 만든 물품을 협동조합 매점을 통해 판매하는 게 눈에 띄었다. 이것이야말로 학생들이

[그림4] 흥덕쿱에서 새로 판매하는 상품에 대해 홍보하고 있다.

'주체'가 된 것이라는 생각 때문이다. 생산자인 학생 입장에서는 자신의 제품을 판매할 공간과 고객이 생기는 것이고, 소비자 입장에선 신뢰할 수 있는 구매처가 생기는 것이다.

아쉬웠던 건, 그 당시 학생들끼리의 네트워크나 토론회 등 만날 기회가 없었다는 것이다. 지금은 제법 많은 학교에 협동조합 매점이 들어서 있을 뿐 아니라 발전해 가는 단계지만 얼마 전만 해도 각 학교의 매점 설립 과정을 공유하는 게 주요 과제였다. 행정적인 절차가 만만치 않아서 협동조합을 만드는 것만으로도 벅찬 시기였기 때문이다. 앞으로는 각 학교의 특성과 교육과정에 따라 학생들이 매점을 운영하며 진로에 활용하는 방식도 달라진다는 것을 인지하고, 장기적으로는 학생들끼리의 교육 모임도 더 활성화되면 좋을 것 같다.

♡ 진로와 진학을 준비하며

입시 준비를 하면서 가장 고민했던 것은 '대학'이 아니라 '학과'였다. 나는 대학에 들어가 사회적 경제를 제대로 연구하고 싶었는데, 막상 경영·경제학과 중 어디로 가야 할지 몰라 갈팡질팡했다. 그런 내 고민을 알고 협동조합을 공부 중이던 신생님께서 경제학과를 추천해 주셨다. 사회적 경제도 경제학의 일부로, 주류 경제학에 대한 이해가 기본 지식으로 있어야 사회적 경제를 제대로 깊이 있게 공부할 수 있다는 말씀과 함께. 선생님의 말씀은 사회적 경제에만 집중했던 나의 안일한 생각을 바꾸어 주셨다. 그 조언을 토대로 나는 경제학과를 선택했다. 학과를 선택하자 대학을 정하는 건 그리 어렵지 않았다. 흔히 말하는 대학 순위에는 관심이 없었기에 내 성적과 가치관에 맞는 대학에 가자는 생각밖에 없었다. 그래서 그 대학의 인재상과 철학, 학풍을 우선순위로 매기고는, 혁신학교와 홍덕쿱에서의 공동체 배움을 이어나가고 싶다는 생각을 했기 때문에 공동체를 중시하면서 진로와 연관된 프로그램이 마련된 학교를 선택하게 되었다.

입시 전형은 생활기록부에 3년간의 홍덕쿱 동아리 활동과 꾸준한 진로 희망이 적혀 있고 독서도 진로와의 연관성이 두드러졌기 때문에 학생부 종합 전형을 쓰는 데 큰 무리가 없었다. 그 밖에 꾸준히 참여한 봉사 활동, 공동체와의 일관된 협력에 대한 열정 덕분에 학생부 종합 전형이 유리한 편이었다. 사실 나는 수능으로 대학을 가고 싶은 마음이 없었다. 여지껏 쌓아 올린 것들을 수능날에 다 표현할 자신이 없었기도 했고, 내가 성장한 과정들을 보여 주며 인정받을 수 있는 전형을 고르고 싶었다. 그래서 면접과 자기소개서까지 보여 주는 전형을 선택했다.

자기소개서를 쓸 때는 나의 삶에 중심적인 역할을 한 수업과 활동들을 고르고, 그때의 느낌에 맞는 단어를 찾으려고 노력하였다. 나에게 자소서는 '스토리텔링'이었다. 자소서의 중점은 2개였다. 하나는 내가 주체적으로 학교의 교육과정에 참여하여 삶의 방향성을 얻은 점, 다른 하나는 홍덕쿱의 활동들을 통해 진로를 정하고 노력한 과정이었다. 나는 자소서를 쓰면서 고등학교 3년간의 시간을 성찰할 수 있었다고 생각한다. 1, 2학년 때의 수업을 되짚어 보기도 하면서 성장 과정을 되새겼고, 내가 꿈을 향해 나아가고 있다는 것을 확인했다.

나는 자소서보다 면접 준비가 더 힘들었다. 자소서는 수정할 수 있지만 면접은 그럴 수가 없기에 더욱 긴장되고 자신감이 별로 없었다. 그래서 선생님의 조언대로 면접 연습을 동영상에 담아 돌려 보며 긴장을 풀기도 하고 읽었던 경제 관련 책도 다시 읽으며 경제학과에 가고 싶은 이유를 되새겼다. 예상 질문에 답을 해 보고 선생님과 일대일 모의 면접으로 내가 말하고 싶은 바를 전달하기 위해 애를 썼다.

면접장엔 교수님 두 분이 계셨는데, 기초 소양 질문과 생활기록부, 자소서와 관련된 질문을 하셨다. 각종 경제학 관련 질문과 압박하는 질문을 예상했지만 오히려 나의 진로가 흥미롭다는 반응이셨고, 구체적인 진로 계획을 궁금해하셨다. 준비할 때 나온 질문이라 어렵지 않게 대답할 수 있었고, 예상치 못한 질문에는 공동체를 향한 진심을 생각하며 답을 했다. 선생님과의 준비 덕분에 면접은 무난하게 끝났다.

♡ 우리가 '함께' 해야 하는 이유

면접을 끝내고 남들보다 일찍 10월 말에 대학에 합격했다는 소식이 왔다. 처음엔 나는 행운이라고 생각했다. 그러나 그건 착각이었다. 학급의 일원으로, 친구로서 친구들의 입시를 지켜 봐야 하는 시간만큼 힘든 것도 없었다. 합격한 기쁨이 친구들의 학업에 방해될까 싶어 노심초사하기도 하고, 입시 스트레스를 겪는 친구들을 가까이서 보며 마음 아파하기도 했다. 1학기까지만 해도 여러 주제를 놓고 함께 토론하던 친구들이 치열한 경쟁의 한가운데서 앞만 보고 달려가야 하는 상황이라 이른 합격 소식은 마치 나만 경쟁에서 탈출한 것 같아 미안하기도 했다. 생각지 못한 이런 현실로 인해 나는 입시 후 계획을 변경했다. 수능날까지 야간 자율학습 시간에 남아 친구들과 함께 불안한 시간을 보내기로 한 것이다.

친구들이 각자 공부를 할 때 나는 대학 생활 계획을 짜고 인생

목표를 설정하며 시간을 보냈다. 그러던 중 인생의 좌우명을 정하려 고심하다 "가치 있는 돈을 벌겠다."라고 한 후배의 말이 떠올랐다. 동아리에서 나만의 가치를 설명하는 시간을 가졌을 때 후배가 돈을 고르며 한 말이었다. 당시에도 감동적으로 들었지만 곱씹을수록 소중한 가르침이었다. 나는 후배의 멋진 말을 마음에 새기며 '가치 있는 돈을 벌기'를 내 좌우명으로 삼았다. 그리고 이를 이루기 위해 대학에 들어간다면 해 볼 두 가지도 계획했다. 첫 번째는 각자 전공이 다른 사람들이 모인 협동조합을 만들어 보는 것. 홍덕쿱 활동에서 전공이나 재능이 달라도 협동조합으로 모여 활동한 것은 너무 재밌는 경험이었다. 대학에서도 능력은 각각 달라도 뜻이 맞는 사람들과 협동조합을 만들어 보고 싶다. 두 번째로 국내외 사회적 기업을 견학하는 동아리를 만드는 것이다. 친구들과 함께 지역 탐방도 하며 다양한 분야의 사회적 기업을 견학하고 싶다. 지역의 색을 담은 마을 기업과 마을 공동체를 공부하는 것도 목표다.

홍덕고에서 3년의 시간 동안 '배웠다'라는 건 내가 예상한 대로 진행되지는 않았다. 하지만 언제나 열정을 따라가다 보면 새로운 기회나 성장에 도달해 있었다. 나는 학교협동조합 활동으로 이 사실을 배웠다. 그리고 학교협동조합 활동을 통해 '동료'라는 단어를 배웠고 만났다. 고등학생에게 동료라는 단어는 어울리지 않지만 내가 깨달은 동료란 '같이 있음을 행운이라 여기게 해 주는 존재'였다. 학교협동조합을 공부하고 있거나 앞으로 공부를 해 볼까 생각 중이라면, 협동조합 활동으로 혹시나 얻게 될 이익 같은 걸 계산하는 건 잠시 미루고, 협동조합에 자신이 좋아하는 일을 담으며 이끌리길 바란다. 그리고 그 안에서 '함께 하는 동료'를 얻길 바란다.

내 이야기가 학교협동조합에 대해 불안과 염려, 걱정과 선입견이 있었던 누군가에게 부족하나마 작은 답이 되었기를 바란다.

우리들의 학교협동조합 이야기

내 안의 앨버트로스,
세상을 향해 날다

조우현(부산국제고등학교 졸업생)

♡ 알에서 깨어난 작은 새 한 마리

어쩌면 나는 이제 막 알에서 깨어난 새 한 마리일지도 모른다. 아직은 무엇이 될지 알 수 없는, 아무것도 아닌 그저 작고 약한 어린 새. 이 새는 자라서 무엇이 될까. 어쩌면 작은 오리, 아니면 백조, 혹 세상에서 제일 큰 날개를 가졌다는 앨버트로스. 무엇으로 성장해 갈지는 아무도 모른다. 아직은 어린 새일 뿐이다.

중학교 때를 생각해 보니 솔직히 나는 주관이 너무 없는 삶을 살아 왔다. 나의 미래임에도 부모님이나 주변 사람들이 바라는 직업(그 당시에 많은 아이들이 진로 희망으로 꼽았던 외교관을 꿈꿨다)을 희망했고, 그러면서도 그것이 정작 어떤 일을 하는지, 또 되기 위해서는 무엇을 준비해야 하는지 전혀 생각지 않았다. 공부도 마찬가지였다. 무언가에 순수한 열정을 느껴서 좋아하기보다는 남들이 그렇게 하기 때문에 그 안에서 뒤처지지 않으려고 따르는 것뿐이었다. 부족한 건 그뿐이 아니었다. 인격적으로도 부족한 것투성이. 언제나 자기중심적으로 생각하며 모든 상황이 나에게 유리하지 않거나, 내게 조금이라도 불리하다고 느껴지면 강한 반발심부터 들기 일쑤였다.

그렇게 중학교 생활을 하던 중 담임 선생님께서 내게 '특목고 진학'에 대한 생각을 물어 보셨고, 그때 처음으로 일반 고등학교와는 다른 곳도 있다는 것을 알았다.

당시 문과를 가고 싶어 갈 만한 학교를 살펴보니 부산외국어고등학교와 부산국제고등학교가 있었다. 어쨌거나 선택을 해야 했고, 그러다 인터넷에서 부산국제고의 일상을 소개하는 한 재학생의 블로그를 발견했다. 거기엔 뭔가 특별한 것들이 잔뜩 있었다.

여러 나라에서 온 외국인들과 함께 세계적인 문제들에 대해 논의를 주고받는 글로벌 포럼, 본 적도 없을 정도로 넓은 올림픽 운동장에서 진행하는 체육대회, 다양한 동아리에서 1년 동안 준비한 것들을 쏟아붓는 축제, 그리고 영어로 이루어지는 특정 수업들과 다양한 해외 활동이 가득 들어 있었다.

'이런 고등학교가 있었나?'

나는 뭐라 설명하기 어려운 큰 충격을 받았다. 그리고 눈을 뗄 수가 없었다. 특히 학생들이 자율적으로 만들어 가는 주도적인 동아리 활동과 축제, 다양한 학습 모임과 진로 설계를 보면서 점점 더 부산국제고에 끌리게 되었다.

부산국제고로 진학하겠다고 확실하게 결정한 것은 3학년 2학기 기말고사가 끝난 후였다. 당시 부산국제고에 들어가려면 중학교 영어 내신이 필요했다. 나는 내신 점수가 반영되는 2학년 때에는 두 학기 모두 1등급을 받았지만, 3학년 1학기 때는 다른 과목에 더 중점을 두다 2등급을 받은 상태였다. 당시 소문으로는 네 번의 영어 내신 평가 중 2등급이 하나만 있어도 합격하기 힘들다고 했다. 나는 걱정이 많아졌다. 그래도 포기하지 않고 남은 영어 내신에 어느 때보다 신경 써서 준비했고, 그렇게 마지막 시험을 통해 2등급의 끝자락이었던 성적을 1등급으로 만들었다. 이를 통해 1차 선발됐고, 그 후 2차 시험이던 면접은 평소에 자신이 있던 부분이라 내가 낸 서류에 쓴 경험이나 말할 것들에 대해 정리하고 준비한 후 편안하게 임하였다. 이 모든 과정을 거쳐 부산국제고에 합격할 수 있었다.

♡ 다재다능을 목표로

부산국제고에 진학한 후 모든 게 변하기 시작했다. 특히 1학년 때의 '진로 탐색' 시간이 기억에 남는다. 선생님은 그 시간에 항상 제대로 된 자신의 진로를 고민하도록 학생들을 부추겼으며, 직업 성향은 어떤지, 그리고 자신이 원하는 직업을 위해서는 무엇을 준비해야 하며, 어떤 대학, 어떤 학과를 통해 취업할 수 있는지 상세하게 알려 주었다. 그뿐만이 아니라 학교 내에서 다양한 분야의 인사들을 초청하여 그와 관련된 직업의 실제 하는 일이나 필요한 자격들을 설명해 주는 초청 강연 시간도 매달 두 번씩 있었다. 강연을 들을 때면 책이나 인터넷으로만 접하던 직업의 세계를 좀 더 현실적으로 알아 가는 기분이 들었고, 점점 더 내가 진짜 원하는 미래의 삶, 직업은 무엇인지 깊게 고민하게 되었다. 아무 주관도 없이 그저 남들이 하는 것을 따라하고, 남들이 걸어가는 길을 뒤처지지도 앞서지도 않은 채 살아왔던 이전의 나와는 뭔가 달라진 것이다.

그 시간들은 한 번씩 나를 어른의 세계로 데려다 주었고, 그로 인해 내가 살아왔던 지금까지의 시공간은 사라지고 모두 새로운 시공간으로 느껴졌다. 그러는 사이 내 몸과 마음, 생각들이 나도 모르는 새 조금씩 성장하고 있었다.

결국 적극적 진로 활동의 결과, 내가 정말 원하는 대학의 학과로 진학하는 것이 내 꿈에 빠르고 효율적으로 접근할 수 있는 방법이란 것을 알게 되었다. 또 다양한 분야에서 끊임없는 노력을 통해 쌓아 놓은 실력은 나중에 내가 갑작스럽게 진로를 바꾸게 되었을 때 나의 희망이 가로막히는 일이 없도록 만들어 준다는 것을 깨달았다. 이후로 나의 학습 목표는 '다재다능(Versatile)'이 되었다.

부산국제고는 부산뿐 아니라 다른 도시에서 온, 영어 실력과 다른 교과목에 뛰어난 아이들이 골고루 모여 있는 학교다. 그곳에서 각 과목 고루 높은 등급을 받는 것이 얼마나 힘든 일인지 몇 번의 시험을 통해 체감하게 되었다. 그래서 나름대로 각 과목마다 최소한의 허용 가능한 등급을 정하고는 어느 하나도 뒤처지는 과목이 없도록 하는 것이 나의 '학업 기준'이 되었다. 이렇게 1학년 때부터 정해 놓았던 나만의 기준이 결국은 3학년 때까지의 내신 성적에 영향을 주었다. 내 성적표에는 1, 2등급을 받은 과목도 적지만, 4등급 밑으로 내려간 과목도 찾을 수 없었다. 물론 어려움이 많았다. 특히 한자를 전혀 모르던 나에게 무수히 많은 한자를 외우도록 만들었던 일본어나, 역사를 너무나 싫어했던 나에게 연표와 그동안 일어났던 사건들을 모두 알게 만들었던 한국사는 고난 그 자체였다.

하지만 진로에 대한 고민 끝에 '다재다능'을 인생 목표로 잡았기에 잘 맞지 않는 과목 또한 최소한의 성적을 받을 수 있도록 노력했고, 그 결과 한국사는 평균에 뒤처지지 않는 성적을 받았다. 또한 일본어는 잘하려고 공부를 하다 보니 오히려 더 관심을 갖게 되어 현재는 꽤 능숙하게 일본어를 할 수 있을 정도가 됐다.

변화는 또 있었다. 자기중심적으로만 세상을 바라봤던 중학생 시절과는 비교할 수 없을 정도로 친구들과 깊은 유대 관계를 갖기 시작했다. 바람이 부는 대로 이끌리듯 내게 주어진 상황이 나를 그렇게 하도록 한 것일지도 모르겠다. 우리 학교는 전교생이 170명 정도로 적은 편인데, 모두 의무적으로 '기숙'을 했기에 그 적은 수의 아이들과 3년을 보내야 했고, 그러다 보니 인간관계에 대해서도 많이 배우게 되었다.

함께 생활하다 보니 꽤 많은 친구들이 사소한 일로 악감정을 쌓고, 싸우면서 오랜 기간 좁은 학교 안에서 불편한 사이로 지내는 경우도 보게 되었다. 서로 생활 패턴이 맞지 않는 룸메이트끼리 갈등을 빚는 일도 빈번했다. 이런 상황에 놓이다 보니 나는 말 한마디를 할 때도 상대방이 상처를 받지는 않는지 같은, 상대를 배려하는 법도 배우게 되었다. 자기중심적인 생각에서 탈피해, 모두가 함께하려면 먼저 상대방을 배려해야 내 행복이 시작된다는 것을 깨닫게 된 것이다.

공정무역 초콜릿

우리 학교에는 정말 다양한 분야의 동아리들이 있다. 그중 내가 특히 관심을 가진 것은 NGO(비정부기구)였다. '다양한 우리 사회의 내적인 문제점을 파악하고, 학생들이 일으키는 작은 변화로 사회의 변화를 이끌어 오자.'는 목적의 동아리였는데, 2학년 때는 부장으로 활동하며 작지만 한 단체의 리더가 되는 경험도 하게 됐다.

이 동아리에서 3년을 보내면서, 특히 부장으로 다른 동아리들이 한 번도 해 보지 못했던 활동을 기획하며 나의 창의력과 호기심을 마음껏 분출해 낼 수 있었다. 사회적 기업이라는 단어의 진정한 의미를 직접 느끼고 체험하면서, 진로를 세우는 데 있어 나 자신의 꿈과 이익뿐 아니라 '사회 안의 나', 그리고 사회적인 역할에 대해서도 깊게 생각할 수 있는 기회가 되었다. 당시 다뤘던 주제 중 하나가 '경제 정의'였는데, 관련 활동으로 '공정무역 초콜릿 캠페인'을 진행했다. 이 활동은 간단히 말하면 사회적 기업에 대한 인식을 제고하고자 학생들을 대상으로 벌이는 공정무역 홍보 프로그램이라고 할 수 있다. 점심시간과 저녁시간에 식당 앞에서 미리 구매한 공정무역 초콜릿을 학생들에게 판매하며, 그것이 가지는 사회적 가치와 우리가 공정무역을 함으로써 이룰 수 있는 경제 정의를 홍보했다. 그 외에도 환경을 주제로 한 '교내 쓰레기 분리수거 인식 전환 캠페인', 그리고 축제에서 했던 '인식 전환 퀴즈' 등의 활동도 진행해 나갔다. 부장이라는 자리가 조금 부담스럽기도 했지만, 직접 계획을 짜고 예산을 분배하며 동아리 부원들과 역할을 분담하고 협의를 거치는 과정들이 나에게 큰 성장의 기반이 되었다. 친구들을 무조건 리드하기보다 활동하는 것에 도움을 주는 역할로서 자신의 희생을 감수해야 하는 것, 그리고 부원들끼리 서로의 역할에 대한 명확한 이해와 활발한 소통이 조직의 효율성과 결과물의 질을 좌우한다는 것도 자연스럽게 알게 되었다.

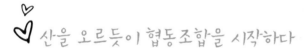

산을 오르듯이 협동조합을 시작하다

동아리 활동 중에서도 나에게 가장 큰 영향을 끼친 것을 꼽으라면 망설임 없이 부산국제고(Busan International High School, BIHS) 협동조합을 택할 것이다. 시작은 우리 학교 모든 학생을 위한 아주 작은 생각의 변화였고, 그 변화는 우리의 특별한 일상에 원인이 있었다.

그것은 정말, 말 그대로 산(山) 때문이었다. 부산국제고는 산 위에 위치해 있어 등·하교가 꽤 힘든 학교다. 주택가와도 거리가 있는 편이라 주변에서 우리가 필요한 것을 구하기가 힘들었다. 그러다 보니 편의점이나 음식점을 가려면 끊임없이 산을 오르내리는, 말 그대로 '등반'을 해야 한다. 처음에는 이 등반이 매우 힘겹게 느껴지지만 이것도 이력이 붙으면 견딜 만해진다. 학생들은 이렇게 산을 오르내리며 많은 시간을 보내야 했다. 특히 학교 안에 매점이 없어 많은 친구들이 밖에 있는 편의점에 다녀오느라 시간을 낭비하는 경우가 많았다.

'매점이 있으면 좋겠다.'

학교 안 매점은 우리 모두의 바람이었다. 매점이 있으면 이런 등반 아닌 등반을 하느라 체력과 시간을 낭비하지 않아도 될 텐데 하고 말이다. 우리의 꿈은 학교 안에 매점 하나만 있었으면 하는 것이었고, 기왕이면 편의점 같은 곳이면서 수익도 활용할 수 있는 그런 우리만의 매점이었다.

보통 꿈은 이뤄지지 않을 확률이 높다. 그래서 꿈이다. 나를 포함한 친구들은 우리의 이 꿈이 실제로 이루어질 거라고는 기대도 하지 않았다. 그러나 꿈이 아니었다.

"정말 해도 되나요?"

"된다."

"그럼 하자!"

시작은 의외로 쉽게 풀렸다. 나와 몇몇 친구들은 교장 선생님

[그림1] 부산국제중·고등학교 학교협동조합 창립식

께서 제안한 협동조합을 매점으로 만들어 운영해 보자는 결심을 하고 운영 계획서를 내 허락을 받았다. 나를 포함한 15명의 친구들이 제대로 된 운영을 위해 각자 담당할 부서를 나누고, 기초적인 규율과 행정적 절차를 이행해 마침내 2014년 가을, 우리나라 학교에서는 최초의 사회적 협동조합을 탄생시키게 되었다.

사업을 확장하다: 필기구에서 교복까지

협동조합은 애초 공익을 추구하는 것이기에 조합원들의 자발적인 투자가 필요했다. 먼저 초기에 협동조합을 이용해 줄 조합원으로 선생님들까지 범위를 넓혀 출자금을 받았다. 그런 후 이 사회에서 출자금을 걷었고, 조합원으로 가입할 교내 학생들에게도 소액의 돈을 받았다. 그러나 이렇게 모아도 많이 부족했다. 다행히 학교에서 150만 원을 지원해 주면서 200만 원에 육박하는 초기 출자금이 생겼다. 또한 학교에서 협동조합을 전폭적으로 지원하는 의미로, 사람들의 출입이 잦은 교무실 바로 옆 빈 공간을 개조해 하나의 큰 사무실을 만들어 주었고, 그곳을 토대로 학생 이사회의 운영이 시작되었다.

처음 우리는 협동조합의 목표를 기본적으로 우리 학교 학생들이 생활하면서 필요한 것들을 비싸지 않은 가격에 배급하는, 즉 공동 구매한 물품들을 조합원들끼리 공유하는 것으로 했다. 그래서 치약, 칫솔, 구강 청결제, 비누, 샤워 도구같이 기숙사 생활을 하는 학생들에게 꼭 필요한 생필품에서 필기구, 노트, 컴퓨터용 사인펜, 심지어 손톱깎이나 귀이개 등의 품목을 취급했다.

시간이 지나면서 나를 포함한 임원진들은 이 협동조합이 조금 더 유용한 방향으로 흘러갔으면 하는 바람을 갖고 매주 회의를 거치며 개혁 방안을 모색했다. 사실 무엇보다 음식물을 판매하는 것이 시급했다. 협동조합 활동으로 매점을 만들긴 했지만 학교에서 음식물 반입을 허용하지 않았기 때문에 매점에는 정작 학생들이 가장 간절하게 바라는 '먹거리'는 없는 상황이었다. 이는 자칫 음식물 자체의 품질이나 관리를 소홀히 해 식중독과 같은 문제가 발생할 수도 있다는 우려가 컸기 때문이다.

하지만 몇 개월에 걸친 설득 끝에 마침내 음식물의 안전성이 확실하게 보장된, 상할 위험이 거의 없는 인스턴트 제품과 티백, 커피, 그리고 제티나 네스퀵 같은 액체에 타서 먹는 식품을 도입할 수 있게 되었다. 이제야 식품을 소비할 수 있게 된 협동조합의 조합원들은 대량으로 식품을 소비했고, 이후 별 문제가 발견되지 않자 초코파이나 몽쉘처럼 야간 자율학습 시간에 허기를 달랠 수 있는 식품들도 판매대에 올릴 수 있게 되었다.

하나를 해결하고 나면 또 다른 하나, 산을 오르고 나면 앞에 또 다른 산이 보인다. 우리는 이제 또 협동조합의 '다양한 용도'에 대해 고민하기 시작했다.

우리 학교 건물은 총 5층인데, 4층까지는 고등학교, 맨 꼭대기 층은 중학교다. 한 건물에 고등학교와 중학교가 함께 있는 것이다. 우리는 협동조합 매장을 관리하는 인원을 배정하던 중 중학생들을 활용하는 방안을 구상하게 되었다. 고등학생인 조합원은 아무래도 시간적 제약이 있으므로, 상대적으로 시간적 여유가 있는 중학생들이 판매만 맡아 준다면 더없이 좋은 일이라고 생각했기 때문이다. 그런데 중학생들에게 판매 일을 맡기려면 그에 따른 정당한 보수나 보상을 제공해야 한다. 우리는 그것을 봉사 시간으로 놓으면서, '선순환'의 구조를 만들어 운영을 이어 나갔다.

우리 학교는 한 건물에 중·고등학교가 함께 있는 것 외에도 특이점이 있다. 바로 교복이다. 중·고등학생의 교복이 똑같다. 이것을 이용해 조금은 거창하게 들릴 수 있지만 새로운 '공유 경

[그림2] 협동조합에 기부된 교복. 한 장에 2500원에 판매된다.

제'의 장을 꾸리고자 했다. 성장하면서 맞지 않게 된 교복, 또는 졸업을 하게 되어 더 이상 필요 없는 교복을 협동조합에 기부하고, 또 그것을 한 장당 2500원이라는 아주 저렴한 가격에 사갈 수 있도록 하는 장소가 협동조합의 역할로 추가된 것이다.

바람이 불자 나도 날고 싶어졌다

우리 협동조합은 조합원 관리부, 회계부, 물품 관리부, 홍보부 등으로 구성되어 있었는데, 나는 홍보부에 속했다. 협동조합이 정확히 무엇인지, 조합원이 된다면 학생들이 어떤 이익을 받을 수 있는지를 알려서 조합원 수를 늘리는 것이 초기 협동조합의 가장 큰 과제라고 생각해 홍보부에 참여하게 된 것이다. 그러기 위해 가장 우선되는 것이 더 많이 알리고 더 많은 인원을 총회에 참석시키는 일이었다.

고심 끝에 우리는 '할인 쿠폰'을 도입하기로 했다. 홍보부가 첫 번째로 진행한 일은 많은 사람이 총회에 올 수 있도록 점심시간과 저녁시간에 우리 협동조합에 대한 소개와 학교 내 역할을 알리는 정보가 포함된 할인 쿠폰을 나누어 주고, 총회에 온 사람들에게 그 쿠폰을 사용할 수 있도록 확인 도장을 찍어 주는 것이었다. 쿠폰 덕분에 학생들의 관심이 높아진 것인지는 몰라도 제법 만족할 만한 성과를 내기도 했다. 그 후로도 나는 홍보부 에서 다양한 경험을 쌓았고, 새로운 기술을 접해 보는 계기도 많이 생겼다.

사실 홍보를 잘하기 위해서는 일단 사람들에게 홍보 자료가 많이 보일 수 있는 장소를 선정하는 것이 중요했다. 그와 함께 그 정보를 한눈에 파악할 수 있도록 포스터를 효율적으로 디자인하는 것이 중요하다. 협동조합의 포스터에는 새로 들어오는 상품들에 대한 정보도 담겨 있고, 그것들의 가격이나 또는 신청 물품을 받는 장소와 같이 구체적으로 안내할 것도 많았기 때문에 실제로 읽는 데만도 꽤 시간이 필요했다. 그래서 우리는 많은 사람이 드나들면서도 그 안에서 시간을 꽤 보내는 2층 화장실 내부와 학생들을 위한 휴게실처럼 조성된 공간의 벽면을 장소로 선정했고, 단기 세일이나 한정 수량 제품에 대한 홍보물은 빠른 정보 전달을 위해 주로 식당 안에 부착하기로 결정했다.

문제는 포스터였다. 협동조합 포스터는 매달 혹은 2주에 한 번씩 새로운 정보를 전달해야 했으므로 포스터 디자인 능력을 가진 사람이 꼭 필요했지만, 당시 홍보부에는 아무도 관련된 경험이나 기술을 가지고 있지 않았다. 나는 결국 직접 포토샵 프로그램을 배우기 시작했다. 인터넷에 있는 다양한 강좌들과 팁들을 보면서 일주일 정도 연습하니 어느 정도 프로그램 사용이 익숙해졌다. 필요에 따라 그렇게 점점 더 '많은' 것을 '하게' 된 것이다.

협동조합 수익금을 기부하다

우리 학교의 협동조합 매점은 학생들을 위한 일종의 쉼터와 같다. 그래서 평소에는 수업과 자습 그리고 끊임없는 공부에 지친 학생들이 점심시간이나 저녁시간만큼은 한 박자 쉬어 갈 수 있는, 그리고 자신에게 필요한 것을 채워 갈 수 있는 공간이 되기를 바라는 마음이 가장 컸다. 이사회에서 협동조합 이름을 '쉼표'라고 지은 것도 이런 마음을 담은 것이다. 교내에서 학생들에게 '쉼터'로서의 역할을 충분히 하고 있던 협동조합은 교외에서도 그에 걸맞은 영향력을 보여 주었다.

'윤리적 소비 공모전'에서 우리 부산국제고팀이 당당하게 '윤리적 소비 진심상'을 받은 것이다. 이 공모전은 우리의 생활 속에서 일어나는 수많은 소비들 중 진정한 윤리적 소비라고 할 수 있는 아이디어, 또는 새로운 소비의 패러다임이나 윤리적 소비 경험을 수필, 기행문, 창작 동화, 서평, 광고, 포스터, 영상, 애니메이션, 제품, 패키지 등으로 발표하는 행사였다. 수많은 팀이 참가해 경쟁이 치열했는데 우리 부산국제고팀은 학교협동조합 활동으로 매점을 운영해 낸 성과들을 보여 주고, 그것이 가져온 학교와 학생들 자체의 변화를 발표해 진정한 윤리적 소비의 모범 사례로 인정받았다.

또 다른 주요 대외 활동으로는 '외부 공익 단체 기부'가 있다. 우리가 운영하는 협동조합 매점은 학생들에게 물건을 팔고 작지만 이익금을 남긴다. 그러나 그 이익금은 공익을 위한 목적으로 쓰여야 한다고 생각하기에 우리는 매 분기 결산이 끝나면 자체적으로 하나의 협의회를 벌인다. 여기에는 여러 사회단체들이 참여하는데, 협동조합에서 모은 수익금을 기부한다면 어떤 방식으로 쓸지 말하여 서로 설득하는 행사이다. 이번 연도에는 초록우산어린이재단에 저소득층 아동 교복과 학용품 구매비로 180만 원을 후원했다. 그 외에도 위안부 할머니 돕기, 네팔 지진 피해 돕기 등 다양한 형태로 기부가 이루어지고 있다. 그저 산을 오르내리기 힘들어 매점 하나만 학교 안에 있었으면 좋겠다고 시작한 일이 세상과 함께 살아가는 방법을 터득하게 해 주었고, 이제 우리 모두는 그 안에서

조금씩 세상을 향해 '날갯짓'하는 법을 배우고 있었다.

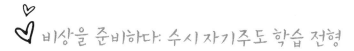

비상을 준비하다: 수시 자기주도 학습 전형

돌이켜보면 나에게 협동조합에서의 다양한 활동들은 대학 진학을 준비하는 데도 많은 도움을 주었다. NGO 동아리 부장으로 많은 행사들을 기획하고 실행시키는 과정, 거기에 친구들의 의견을 수렴하고 나름대로 경영에 참여하면서 힘든 시간도 많았지만, 결국 제대로 해냈다는 보람과 뿌듯함이 더 크게 남았다.

그리고 2학년 때 '과제 연구' 과목 시간에 썼던 논문에서 동아리와 관련한 'UNESCO Tour'라는 프로그램 운영 모델을 구상해본 경험이나, 지리 시간에 일기예보를 이용한 '웨더 마케팅' 리포트를 작성하며 수익을 낼 수 있으면서도 사람들의 편익을 증진시키는 구조를 생각하는 것이 너무 흥미로웠다. 나는 고등학교 2학년 때부터 경영학과에 무척이나 가고 싶었는데, 이렇게 일을 조직하고 그것을 성공적으로 실행시키는 것이 즐겁다면 분명 경영학과에 가서 기업이나 또 꼭 수입을 목적으로 하지 않는 단체의 구조를 배우더라도 관심을 가지고 배울 것이라고 확신이 들었다.

경영학과 중에는 특히 서강대학교 경영학과가 매우 매력적으로 느껴졌다. 2학년 말 서강대학교 입학 사정관이 진행한 입시 설명회에서 서강대학교에 대해 알게 되었는데, 대학의 특징과 장점, 그리고 교육 철학에 대한 이야기를 들으면서 꼭 가야겠다는 생각이 더 확고해졌다. 그중에서도 복수 전공을 쉽게 할 수 있다는 점이 마음에 들었다. 나는 사실 고등학교 때 문과 위주의 공부만을 주로 해 왔기에 대학에 가서는 좀 더 자유롭게, 내가 익숙하지 못한 영역까지도 알아 가고 싶었다. 특히 평소 프로그래밍이나 코딩에 관심이 많았기 때문에 남들이 대부분 가는 길과는 조금 다르게 문과, 이과(이과 공부) 모두를 해 보고 싶었다. 서강대학교는 전공을 불문하고 복수 전공이 매우 자유롭고 그것을 할 수 있는 체계가 잘 잡혀 있는 것으로 보였다. 그리고 교육 철학과 신념은 아직 꽃 피우지 못한 학생들이 미래에 더 빛날 수 있도록 만들어 주려는 경향이 뚜렷이 보였다. 학생의 학습능력이나 소위 말하는 '스펙'보다는 그 학생이 서강대학교에 와서 펼칠 수 있는 가능성을 본다는 말에 큰 감명을 받았다. 다양한 학교 내 프로그램과 학생들의 발전을 돕는 기관들에 힘입어 더욱 발전하는 나를 기대해 볼 수 있을 거라는 생각이 들었다.

그러나 아무리 서강대학교가 좋은 학교라도 내가 갈 수 없다면 무슨 의미가 있을까. 그간의 통계로 봤을 때, 서강대학교 경영학부는 나의 내신 성적으로는 갈 수 있을 만한 곳이 아니었다. 3학년 담임 선생님이 보여 준 학교 수시 성적 자료에서 나보다 내신 성적이 높은 선배들이 무수히 많이 떨어졌음을 알 수 있었고, 모집 인원이 그렇게 많지 않은 데다 많은 학생이 원하는 학교와 학과이기 때문에 경쟁률이 매우 높을 것으로 예상되었다. 조금 더 낮은 학과나 학교를 쓸까 많이 고민하고 있을 때 부모님께서 부산국제고에 입학할 당시의 경험을 떠올리게 하면서, 합격할 수 있다는 자신감이 들도록 이끌어 주셨다. 하지만 자신감에도 전략적인 입시 준비가 필수였다. 나는 서강대학교 입시 요람을 보면서, 어떤 입학 전형들이 있고 무엇을 준비해야 하는지 꼼꼼히 살펴봤다.

그리고 나에게 가장 맞는 전형은 '수시 자기주도 학습 전형'이라고 판단했다. 이 전형은 크게 네 가지를 본다. 고등학교 내신 성적, 생활기록부, 자기소개서, 활동 보충 자료다. 나의 내신 성적은 중국 학생들을 포함한 170명 중 상위 25~30%에 있었기 때문에 다른 지원자에 비해 특출하다고 할 것이 없었다. 다음으로 생활기록부. 이는 고등학교 3년 동안의 모든 교내 활동(창의적 체험학습 동아리, 학습 동아리, 진로 동아리, 교내 수상과 각종 대회 및 행사 참가 여부)과 독서 활동 기록, 그리고 각 과목의 선생님들이 남겨 주신 나의 학습 기록 등으로 구성되어 있었다. 여기에는 2학년 때부터 경영학과를 열렬히 지망해 온 나의 흔적이 고스란히 드러나 있었다. 거의 모든 교내 활동과 독서 활동, 그리고 동아리 활동(특히 진로 동아리로 선택했던 경영 동아리)이 경영에 대해 조금 더 전문적으로 배우려 시도하고, 그와 관련된 경험을 쌓는 과정이었기 때문에 이 부분에서는 경영학과 입학 담당자들에게 꽤 호감을 살 것이라고 확신했다. 마지막으로 자소서와 활동 보충 자료는 네 장의 포트폴리오로 제출해야 하는데, 이 부분은 협동조합에서 활동한 경험이 큰 도움이 되었다. 자소서에는 교내 활동 중 가장 기억에 남았던 활동에 대한 경험과 자신의 생각을 서술하는 문항이 있었다. 나는 협동조합을 운영하면서 겪은 여러 시행착오와 그로 인해 얻을 수 있었던 나 자신의 성장을 서술했고, 그 성장이 앞으로 서강대학교 경영학과에 진학하여 나에게 어떤 이점으로 작용할지에 관한 기대 효과도 설명했다. 또한 활동 보충 자료에서는 나를 표현할 수 있는 가장 대표적인 네 가지 활동을 중심으로 A4 용지 네 장 크기를 마음대로 채울 수 있었다. 여기에서 가장 크게 부각한 것 역시 협동조합 활동이었다. 협동조합을 준비해 나가는 과정, 그리고 겪었던 시행착오와 이루어 낸 결과물 모두를 함축해서 사진 자료와 함께 포트폴리오에 담아냈다. 가장 강조한 것은 학생들의 자발적인 참여와 노력의 결과물이라는 점이었다. 설립된다면 교내 학생 모두가 이익을 볼 수 있다는 그 희망 하나로 고군분투해서 만들고자 했었고, 그 결과

I love
학교협동조합

물은 고등학교 3학년이 끝나 갈 때에도 학생들에게 많은 편리함을 제공하고 있었다. 이렇게 열심히 준비한 결과 서강대학교 수시 모집에서 부족한 내신 성적을 가지고도 합격할 수 있었다.

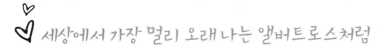

세상에서 가장 멀리 오래 나는 앨버트로스처럼

한때 모든 것이 새로웠던, 그리고 정신없던 새내기 시절을 지나 나는 현재 두 학기를 모두 이수한 어엿한 대학생으로서 살고 있다. 학점을 따기 어렵다고 소문이 자자한 서강대학교이지만 내가 좋아하는 강의와 수강 시간을 자유롭게 선택하여 내가 원하는 공부를 하다 보니 4점대에 가까운 학점을 유지하고 있으며, 그렇다고 너무 학업 쪽으로만 편향되지 않은, 열심히 놀고 즐겁게 공부하는 만족스러운 삶을 살고 있다. 부산국제고 재학 시절 쌓은 영어 실력으로 안정적으로 영어 학원 아르바이트도 하는 중이며, 방학 때는 마음에 맞는 친구들과 일본, 대만 같은 주변 나라와 미국과 같은 더 먼 나라까지도 여행을 다니며 세상에 대한 시각을 넓히고 경험을 쌓아 나가고 있다.

지금 당장 나의 미래는 두 가지가 정해져 있는 상황이다. 하나는 '군 입대'다. 운 좋게도 카투사에 선발돼 2017년 12월 입대할 예정이다. 또 다른 하나는 '복수 전공'이다. 고등학교 때부터 여러 가지 분야에서 능력을 키우고 싶다고 바랐던 마음은 아직까지 그대로라 문과 전공인 경영에 이어 이과 전공의 컴퓨터 공학을 복수 전공으로 선택할 것이다. 이후 외국계 프로그래밍 기업에 취업을 하거나 응용 프로그래머, 빅 데이터 전문가로 성장해 스스로 일의 효율성, 그리고 현재의 세계 정세와 경제 흐름을 명확히 읽고 정확도 높은 예측으로 성공적인 성과를 내는 기업인이 되고 싶은 게 소망이다.

학교협동조합은 나의 고등학교 시절이나 입시에만 국한되어 영향을 준 것은 아니다. 막상 경영학과에 와 보니 생각보다 많은 팀플이 존재했다. 그에 더해 다들 각자가 경험한 배경과 철학이 다르다 보니 하나의 과제를 해결하는 데도 꽤 많은 의견 차이가 났다. 이럴 때는 협동조합에서 배운 의사 조율 방식이 매우 효과적이었다. 일이 조금 더디게 진행될 수는 있지만, 각자의 의견을 존중하고 대다수의 의견에 반대하는 한 사람을 설득해 나가는, 그리고 팀원 모두 공동의 목표 의식을 가지고 각자의 역할을 명확히 정해 주는 방식으로 팀플이 포함된 과목에서는 유독 좋은 성적을 받았다. 협동조합에서 활동한 이력의 영향은 이뿐만이 아니다.

현재 나는 서강대학교 경영학부 매크로경영교육센터의 사업 중 하나인 GTF(Global Field Trip) 준비 과정에 있다. 이 프로그램은 '사회적 기업'이라는 주제를 가지고 미국 LA 지역 내 사회적 기업을 방문해 실제 그들이 운영하는 방식을 살펴보고, 로욜라메리마운트 대학교(Loyola Marymount University)에서 그와 관련된 강의를 듣고 활동을 진행하는 것이다. 이를 위해 마지막에는 학부생들이 조를 이뤄 하나의 사회적 기업 비즈니스 모델을 현지 대학 교수들 앞에서 발표하고 피드백을 받아야 하는데, 이 비즈니스 모델을 세우는 것이 3, 4학년에게도 꽤 까다롭다. 그러나 고등학교 때 협동조합을 운영하며 쌓은 경험이 신입생인 나를 그들 사이에서도 뒤처지지 않을 정도의 경쟁력을 가질 수 있도록 만들어 주었다.

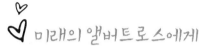

미래의 앨버트로스에게

2014년에 만들어진 협동조합을 이끌고 있는 부산국제고 후배들이, 나와 내 친구들이 그랬듯 여러 문제들을 헤쳐 나가느라 힘들어하는 모습이 눈에 선하다. 하지만 힘이 들더라도 문제들을 하나하나 '해결하는 일' 자체에서 큰 자부심을 가졌으면 하는 바람이다. 어떤 고등학교에서도 한 적이 없는 일을, 그것도 학생들이 자체적으로 처음 해낸 것에서 이미 큰 의미를 획득했고, 또 그것으로 벌어들인 수익을 사회의 필요한 곳에 기부하는 멋진 활동을 해 나가는 것은 평생 잊지 못할 보람으로 남을 것이다. 그것이 꼭 자신의 진로와 맞지 않아도, 그리고 고등학교 시절에 가장 중요한 대학 입시에 큰 도움이 되지 않을 것이라 판단되어도 괜찮다. 활동을 하면서 자신에게 일어난 그 작은 변화, 또 가지게 된 생각 그 하나가 여러분의 인생에 유의미한 변화를, 지금이든 이 다음이든 가져올 것이 확실하기 때문이다. 그리고 미래의 BIHS 협동조합을 응원한다.

우리들의 학교협동조합 이야기

강물은 만나는
모든 것을 배우고
낮은 곳으로
흘러 바다가 된다

한석현(독산고등학교 졸업생)

● 이 글에 수록된 사진은 모두 《독산누리사회적협동조합 2015년 우리의 발자취》에서 가져온
  것이다.

깊은 산속 옹달샘에 비친 작은 하늘

지금 생각해 보면 중학교 때까지 나는 정말 재미없는 삶을 살았던 것 같다. 미래에 대한 꿈이나 열정, 공부에 대한 흥미도, 그 흔한 취미도 없었다. 그저 수업 시간이나 시험 기간에 공부를 하는 정도로 학교생활을 해 나갔던 것 같다. 주어진 일상과 시간, 그 위에서 바람이 불면 바람이 부는 대로, 머물면 머무는 대로 떠 있었다. 물론 수업 중에 문득 마주치는 흥밋거리나 재미있는 것들이 없었던 것은 아니었지만 잠시 흥미를 가졌다 하더라도 늘 그때뿐이었다. 모든 게 그런 식이라 당연히 진로나 진학에도 별 관심이 없었다. 학교에서 선생님들과 친구들이 꿈이 뭐냐고 내게 물어 볼 때면 의사, 변호사, 검사, 판사 등 많은 직업을 말했지만 사실 한 번도 '가슴이 뛰는 경험'을 해 본 적은 없었다. 그렇기에 나는 그저 '있어 보이는 직업'을 말했다.

그러던 어느 날, 우연히 짧은 동영상 한 편을 보게 되었다. 지금은 해체한 밴드 오아시스(Oasis)의 보컬이었던 노엘 갤러거(Noel Gallagher)에 대한 영상이었다. 가정 폭력을 당하며 불우하게 자란, 희망도 미래도 없던 노엘 갤러거가 스스로를 믿고 노력함으로써 영국을 대표하는 밴드의 보컬이 되었다는 내용이었다. 영상의 내용도 좋았지만, 내 마음을 사로잡은 것은 배경 음악이었다. 〈Don't look back in anger〉이라는 곡이었다. 그 곡을 시작으로 오아시스의 다른 음악들, 그리고 다른 밴드의 음악들을 찾아 듣기 시작했다. 자연스럽게 록 음악을 좋아하게 되었고 삼촌께 기타를 빌려 혼자 연습하기 시작하면서 하고 싶은 일을 위해 많은 시간을 투자하게 되었다. 처음으로 무언가 하고 싶은 일을 찾아서 '스스로' 노력했던 소중한 경험이다.

그때부터였을까. 웅덩이에 우연히 떨어진 나뭇잎처럼, 물 위에 떠서 살아가기는 부초 같던 내 일상이 조금씩 달라지기 시작했다. 진로와 진학에 대해 고민을 하기 시작했고, 그러면서 고등학교 입학 원서를 쓰는 시기가 다가오자 특성화 고등학교 진학도 고민해 봤지만, 결국 그 '무언가'를 찾지 못한 채 독산고등학교에 입학하게 되었다.

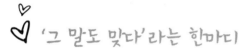

'그 말도 맞다'라는 한마디

우리 학교 분위기는 다른 학교에 비해 상당히 자유로운 편이다. 물론 자유로운 분위기라는 것은 사람에 따라 긍정적으로 느낄 수도 있고 부정적으로 느낄 수도 있지만 나는 학교의 그런 분위기가 좋았고, 그 안에서 더 많은 걸 배울 수 있었다. 우리 학교가 자유로운 편이라고 느낀 가장 큰 이유는 학생의 의견을 존중해 주시는 선생님들의 관용적인 태도 때문이었다. 선생님들이 학생의 의견을 존중하다 보니 자연히 학교 안에서 선생님과 학생의 관계도 권위적이고 수직적이기 보다는 민주적이고 수평적인 편이었다.

2학년 자율 수업 때 일이다. 이슬람 극단주의자들이 프랑스의 언론사 '샤를리 에브도'를 테러한 사건에 대한 영상을 보고 '표현의 자유'라는 주제로 이야기를 나눴다. 샤를리 에브도가 마호메트를 모욕하는 만평 기사를 내자 이슬람 극단주의 세력이 샤를리 에브도 본사를 급습해 총기를 난사한 이 사건을 어떻게 생각하는지 선생님이 질문을 던졌다. 나는 언론사의 잘못도 분명 있지만 폭력적인 방법이 아닌 다른 방법을 찾았어야 했다고 대답했다. 그러자 선생님께서는 "그것도 맞는 말이지만, 다른 방법이 있었다면 굳이 테러를 일으켰을까?"라고 반문하셨다. 그러면서 이미 이슬람 단체들이 샤를리 에브도를 명예훼손으로 제소한 적도 있고 평화적인 시위도 했으나 '표현의 자유'를 이유로 언론사가 이들의 의견을 받아들이지 않았다고 말씀해 주셨다. 수업 중 선생님이 하신 '그 말도 맞다'라는 한마디, 그 작은 존중이 내게는 자신감을 키워 주었다. 그런 식으로 서로 의견을 나누다 보니 민주적이고 수평적인 관계가 만들어지는 것 같았다.

사실 대부분의 학생들이 발표를 잘 하지 않는 이유는 '내 말이 틀리지는 않을까?' 하는 걱정 때문이다. 나 역시 내 의견과 생각을 잘 표현하는 편이 아니었다. 조용한 성격이기도 했지만, 그보다는 '틀리면 어쩌지?'라는 걱정이 늘 앞섰다. 그러나 나는 이런 과정들을 겪으며 서로 의견을 존중하고 표현하고 참여하는 것의 중요성을 몸으로 느낄 수 있었고, 이전보다 적극적이고 능동적인 태도를 갖게 되면서 조금씩 성장하고 있음을 깨닫게 되었다.

입학 후 얼마간 생소한 수업 방식에 어색했던 기억이 있다. 특히 세계사와 사회 시간이 그러했는데, 세계사 선생님께서는 항상 무엇을 공부하든 그 분야에서 쓰이는 언어를 제대로 알고 이해하는 것이 가장 중요하다고 강조하셨다. 그리고 안다는 말은 곧 다른 사람이 이해하도록 설명해 줄 수 있다는 걸 의미한다고 말하셨다. 수업의 구성도 이에 따라 먼저 교과서를 읽고 의미를 직접 생각해 보는 시간을 가지고 난 후에야 설명해 주시는 방식으로 진행되었다. 예를 들어 '봉건제'나 '장원'과 같은 말을 교과서가 아닌 자기의 말로 직접 설명해 보도록 시키기도 했다. 하나씩 정리한 단어들이 늘어날수록, 그것들이 정말 내 지식이 되었다고 느꼈다. 이런 방식을 통해 그 단어들을 자연스럽게 읽고 사용할 수 있게 되었기 때문이다. 돌이켜보면 이런 방식의 수업에서 나는 스스로 공부하는 법을 배운 것 같다.

사회 수업도 이와 비슷한 방식이었는데 다양한 사회문제를 다룬 영화나 다큐멘터리를 시청하고 책을 읽는 활동이 많았다. 특히 기억나는 것이 〈어떤 시선 ─ 얼음강〉이라는 영화다. '여호와의 증인'이라는 종교를 믿는 양심적 병역 거부자의 이야기를 다룬 영화였다. 여호와의 증인은 일반적으로 우리 사회에서 '이단' 또는 '사이비'라고 여겨진다. 그들이 수혈과 병역을 거부하는 것도 부정적으로 여기는 사람들이 많다. 종교가 없는 나 역시 여호와의 증인을 사이비 종교라고 생각했다. 또 국가와 사회를 위해 병역을 이행하는 것이 당연하다고 배운 나로서는 양심적 병역 거부에 부정적이었다. 물론 지금도 분단국가라는 대한민국의 특수한 상황을 고려할 때 징병제가 가장 적합하다는 생각에 변함은 없지만, 영화를 본 뒤 '사이비'라는 말에 대해 다른 생각을 갖게 된 것도 사실이다. 사이비라는 말은 종교의 자유를 인정하지 않는 표현이고, 대체 복무제를 도입해 병역의 의무를 이행하도록 하는 것이 더 합리적일 수 있겠다는 것이다. 이렇게 양심적 병역 거부자를 비롯한 사회적 소수자의 인권을 다룬 영화를 보면서 인권 의식을 키우고, 다양한 사회문제를 다룬 책을 읽으며 문제의식을 키울 수 있었다. 그뿐만 아니라 '청소년 인권 선언'을 작성하는 활동을 하면서, 그리고 세월호 참사 등의 문제에 대해서 짧게나마 이야기를 나누면서 사람과 사회에 대한 관심을 키워 갈 수 있었다. 사람과 사회에 대한 관심이 커지고 문제의식을 갖게 되자 궁금증이 많아졌고, 혼자 이런저런 생각을 하는 시간도 많아졌다.

공유 경제(sharing economy)를 배우다

고등학교에 입학하고 나니 중학교 때보다 모둠 활동이 많아졌다. 대부분 수행평가가 모둠 활동으로 이루어졌기 때문이다. 교과서를 읽고 함께 답을 찾아내는 활동, 책을 읽고 함께 정리하는 활동, 특정 주제에 대한 발표, 현대 시에 어울리는 영상을 제작하는 활동 등 다양했다. 이들 대부분이 '함께'라는 전제가 있었고, 그를 위해 '협력'하는 과정은 말 그대로 힘이 들었다. 활동에 참여하지 않는 친구들이 많았고, 서로 다른 의견으로 충돌하는 일도 허다했다. 그러나 친구들과 함께 '무언가'를 하는 과정은 즐거웠다. '함께' 협력해서 만들어 낸 결과물을 보며 뿌듯함을 느꼈다.

그렇게 1학년 2학기가 끝나고 성적표를 받을 때 문득 한 가지 의문이 생겼다. 학교에서는 평소에 협동을 강조하지만 정작 성적이란 것은 결국 협동하던 친구들과 경쟁한 결과물이라는 생각이 들었기 때문이다. 대학 진학을 위해 경쟁하고, 대학 내에서 동기들과 경쟁하고, 취업을 위해 경쟁하고, 심지어는 취업 후 회사 내에서도 경쟁을 해야 할 것이다. 그뿐인가. 대인 관계에서조차 성적, 학력, 연봉, 심지어 외모 등을 타인과 비교하면서 불행해지고, 갖지 못한 것을 시기하고, 그 때문에 남보다 더 가지길 원하게 된다. 그리고 남들을 밟고서라도 더 높은 곳에 오르고, 더 많은 것을 가진 사람을 부러워하는 것이 오늘의 우리 모습이기도 하다. 우리나라의 자살률이 높은 것, 행복도와 삶의 만족도가 낮은 것 등 사회문제의 원인으로 과도한 경쟁이 한몫한다는 것에는 이견이 없을 것이다. 그렇기에 더욱더 큰 의문을 가졌다. 분명 경쟁 자체가 문제는 아니다. 긍정적이며 생산적인 경쟁은 사회에 필요한 요소임이 분명하지만 과도한 경쟁은 결국 개개인의 불행이라는 부작용을 낳고 있지 않은가. 내 의문은 '그렇게 부작용이 많으면, 바꾸면 되는 것 아닌가?'로 시작해 그걸 '내가', '바꾸고 싶다'는 소망으로 변했다.

사람이 싫지 않고 대인 관계가 두렵지 않은 사회, 학교나 회사가 아닌 일상생활에서는 평가당하지 않는 그런 사회를 만들고 싶었다. 가까운 사람에게 생긴 좋은 일을 시기하지 않고 진심으로 축하해 줄 수 있는, 다른 사람들을 비교 대상이 아닌 '사람 그 자체'로 바라보는 '따뜻한 사회'를 만들고 싶었다. 이것이 내가 처음으로 가지게 된 '가슴이 뛰는 꿈'이었다.

겨울방학에, 방학 전 신청했던 '체인지 메이커'라는 프로그램에 참여했다. 공유(共有) 경제와 공정여행에 대해 배우는 프로그램으로, 우리 지역(금천구)의 여행 상품을 기획하고 실제로 진행하는 활동이었다. 여행을 기획하기에 앞서 다른 지역의 여행에 참여할 기회가 있었는데, '성북동 비둘기 산책'이라는 여행이었다. 여행에 참여하면서 공유 경제에 대한 설명을 들었을 때는 단순히 '한 가지 제품을 여럿이 나눠 사용하는 것' 정도로 알고 있었지만 실제로 알아보니 공유 경제란 이미 생산된 제품을 여럿이 함께 공유해서 사용하는 협력 소비 경제였다. 제품이나 서비스를 소유하는 것이 아니라 필요에 따라 서로 공유하는 활동이며, 하나의 물건을 서로 함께 사용하거나 자신에게 필요 없는 물건을 나누고, 또 무형의 정보를 나누는 것도 포함된다. 여행에 참여하면서 자연스럽게 '나만 아는 장소를 나누는 것, 내 경험과 감정, 지식을 나누는 것'도 모두 공유 경제라는 것을 직접 체험하게 된 것이다. 그곳에서 성북동 주민들이 느끼는 상대적 박탈감이나 재개발에 대한 이야기를 듣고, 또 우리 동네에 대한 이야기도 나누면서 '공유'에 대한 즐거움을 느꼈고, 어쩌면 내 꿈을 이룰 수 있는 방법이 될 수도 있겠다는 생각이 들었다.

집으로 돌아와 공유 경제에 대해서 좀 더 찾아보고 조금이나마 사회적 경제라는 개념도 이해하게 되었다. 사회적 경제는 한마디로 '사람 중심의 경제'였다. 사람의 가치를 인정하고, 이윤을 추구하면서도 사람을 우위에 두는 그런 형태의 경제였다. 물론 당시에는 사회적 경제가 뭔지, 사회적 기업은 어떤 일을 하는지 정확히, 자세히 알지는 못했다. 그럼에도 '사람 중심의 경제'라는 말은 내 가슴을 뛰게 만들었다. 그렇게 나는 '사회적 기업가'라는 내 꿈의 방향을 정하고 조금씩 그것을 향해 다가가게 되었다.

사회적 협동조합의 이사가 되다

2학년이 되자 시간표에 '자율'이라는 수업이 생겼다. 자율 시간에는 학기별로 사회적 경제와 노동 인권 수업, 세계시민 교육이 이뤄졌다. 사회적 경제와 협동조합의 정의, 다양한 사례들을 중심으로 수업이 진행되었다. 사회적 경제에 대한 책을 읽고 수업을 들으면서 점점 사회적 경제가 내 꿈을 이뤄 줄 수 있을 것이라

[그림1] 학교 매점에서 판매되는 문구류의 품질, 가격 등을 조사하기 위해 알파문구 본사 매
장을 직접 방문했다.

는 확신이 생겼다. 수업을 들으면서 우리 학교에도 '독산 누리 사
회적 협동조합'이라는 이름의 협동조합이 있고, 매점이 협동조합
방식으로 운영된다는 것을 알게 되어 협동조합에도 가입했는데,
선생님께서 협동조합 동아리인 '우리함께'를 만드신다는 말씀을 듣
고 제일 먼저 찾아가서 함께 동아리 부원을 모집하기도 했다. 친구
들은 협동조합이라는 것에 대해 별 관심이 없어 보였다. 하지만 나
는 협동조합과 사회적 경제가 무엇인지 내가 아는 한도 내에서 설
명해 주며 열심히 동아리원을 모았다. 그러다 보니 우리함께의 부
장이 되고, 독산 누리 사회적 협동조합의 학생이사도 되었다.

　　그때부터는 정말 바쁘게 지냈다. 동아리 활동에 협동조합의 학
생이사로서 해야 할 일이 정말 많았기 때문이다. 우리 학교 매점

[그림2] 매점에서 판매할 빵을 고르기 위해 서울시 은평구에 있는 협동조합 '동네빵네'를 찾았다.

의 이름인 '한입두입'을 짓기 위해 공모전을 열었고, 매점에서 취급할 문구류를 선정하기 위해 동아리 활동 시간에 알파문구 본사에 찾아가기도 했다. 사회적 경제 캠프에 참여하거나 협동조합 교육, 윤리적 소비 교육을 비롯한 다양한 교육을 들었고, 협동조합과 협동조합 사업들을 홍보하는 데도 많은 시간을 쏟았다. 평소에도 시간이 허락할 때마다 협동조합과 매점에 대해 친구들에게 설명했고, 친구들의 의견을 수렴해 이사회에 전달했다. 하나하나가 모두 소중한 경험이었다. 돌이켜보면 특히 학생들이 직접 기획하고 참여했던 사회적 경제 캠프는 가슴속에서 '처음으로 뭔가를 해 본 것 같다'는 생각을 갖게 했던 소중한 경험이었다.

내가 꿈꾸던 세상을 만나다

사실 짧은 시간에 너무나 많은 일이 일어났던 것 같다. 하지만 그중에서도 가장 인상에 남았던 활동은 충남 홍성군에 있는 홍동마을을 방문하고 사슴사냥게임대회에 참가한 것이었다. 홍동마을은 2학년 여름방학 때 사회적 경제 캠프에 참가하려고 방문했던 마을이었다. 그곳은 정말 '내가 꿈꾸던 바로 그 세상'이었다.

나는 보았네 자연과 살아가는 사람들
나무 집 세우고 그네의자 띄우고
맑은 미소와 따뜻한 눈빛 나누는 사람들
주인 없는 빵집 꾸미지 않은 정원 향기로운 풀내음
힘든 노동도 굵은 땀방울도 여유롭게 웃어넘기고
가난이 부끄럽지 않은 사람이 사는 마을
아이들 맑은 웃음소리 같은 사람이 사는 마을

〈홍동마을〉이라는 노래의 가사다. 노랫말처럼 정말 내가 본 홍동마을은 나보다 뛰어난 사람, 나보다 못한 사람을 구분하지 않았고, 사람의 가치를 부정하지 않았다. 요즘 사회는 정이 없다는 비판이 무색할 만큼 정이 많은 모습이었다. 그 어느 곳보다 민주적인 사회의 모습을 보여 주었다.

쉽게 소외될 수 있는 마을의 할머니들이 각자 잘하는 반찬을

[그림3] 사회적 경제를 배우기 위해 충남 홍성에 있는 홍동마을을 방문했다.

한 가지씩 만들어 운영하는 반찬 가게에서 주민들의 배려를 느꼈다. 무인 서점인 느티나무 헌책방에서는 사람에 대한 믿음이, 주민들이 함께 만든 '밝맑도서관'에서는 협동심이 느껴졌다.

홍동마을에서 가장 인상적이었던 곳은 바로 풀무학교였다. 풀무학교는 홍동마을의 학교답게 민주적인 학교였다. 학생들은 토론과 토의, 협동과 자치를 통해 문제를 해결했다. 풀무학교에서 어떤 학생이 지우개를 잃어버린 적이 있었다고 한다. 보통은 친구가 지우개처럼 작은 물건을 잃어버렸다고 하면 관심을 갖지 않거나, 지나가는 말로 찾았는지 물어 보는 정도가 전부다. 그러나 풀무학교 학생들은 그 사소한 지우개를 찾기 위해 밤늦게까지 함께 토론했다고 한다. 지우개를 찾는 것도 중요하지만 도난 사고에 대해 함께 토론하며 이런 일이 재발하지 않도록 해결책을 모색하기 위해서였다. 아무리 작은 물건이라도 잃어버리면 속상할 수밖에 없다. 홍동마을과 풀무학교는 사람에게서 행복을 느끼게 되는 따뜻한 사회였다.

홍동마을에서 협동의 가치를 목격할 수 있었다면, 사슴사냥게임대회에서는 협동의 가치를 직접 체험할 수 있었다. 사슴사냥게임은 프랑스의 사상가인 장 자크 루소의 이야기를 따서 만든 게임으로, '안전'과 '사회적 협력' 사이의 갈등 관계를 설명하는 말이라고 한다. 이 게임에서 최대의 이익을 얻기 위해서는 사회적 협력이 반드시 필요하다. 결국 협력을 할 때 가장 좋은 결과가 나타나는 상황을 말한다. 〈사회적 경제 아카데미〉 1강 '협동의 경제학'에서 이 '사슴사냥게임'에 대한 이야기를 듣고, 학생들에게 실제로 협동의 경험을 만들어 주기 위해 대회를 진행했다고 한다. 학생들이 협동해서 직접 학교의 문제를 찾아내고 해결하는 대회로, 학생들은 학교에서 활용하지 못하고 있는 공간의 문제, 학교에서 진행하는 성교육이 재미가 없어 제대로 이뤄지지 않고 있다는 문제, 방과 후 도서실 개방 시간이 짧다는 문제 등 다양한 문제를 찾아냈고, 각자의 방법으로 해결책을 제시했다.

내가 속한 조는 학생들의 화장실 휴지 낭비 문제 해결에 도전했다. 여러 번의 토의 끝에, 학생들에게 휴지를 낭비할 시 소모되는 자원과 우리 학교의 휴지 사용량, 세금과 등록금으로 휴지를 구매한다는 사실을 일깨워 주는 방법으로 문제를 해결하기로 결정했다. 휴지 사용량에 따라 일러스트가 바뀌는 케이스 설치, 휴지 절약 대회나 캠페인 등 다양한 방법이 제시되었고, 그중 몇 가지 방법을 택해 실행했다. 내가 생각지도 못한 참신한 의견을 낸 친구들을 보면서 '이런 생각을 할 수 있다니?' 하며 놀란 적도 많다. 혼자보단 여럿이 협동할 때 더 좋은 결과를 낼 수 있다는 사실을 깨달았고, 그 사실이 비로 협동이 가지는 가장 큰 장점이자 가치라는 것을 알게 되었다. 스스로 문제를 찾아 해결하는 과정을 겪으면서 전보다 자율적이고 능동적이게 되었고 또 뭐든 할 수 있다는 자신감도 갖게 되었다. 그리고 그 안에서 '우리 함께'가 갖고 있는 무한한 가능성을 보게 되었다. 그렇게 나는 한발 더 꿈과 가까워지고 있었다.

♡ '우리 함께'라면 할 수 있다

협동조합을 소재로 한 영화 한 편을 본 적이 있다. 〈위 캔 두 댓!(We Can Do That)〉(2008)이라는 제목이었는데 장애인들이 협동조합을 설립하고 운영하는 과정을 보여 주는 내용이다. '협동'과 '장애인 인권'을 함께 다룬 영화라고 할 수 있다. 사람들은 장애인을 대할 때 흔히 두 가지 생각을 한다. 하나는 '저 사람은 나보다 못한 사람'이라는 생각이고, 다른 하나는 '내가 도와야 하는 사람'이라는 생각이다. 전자는 잘못된 생각, 후자는 올바른 생각처럼 여기지만 나는 두 가지가 비슷하다고 생각한다. 둘 다 내가 상대적으로 우위에 있다는 생각이 전제되어 있기 때문이다. 물론 돕고자 하는 마음은 선한 의도에서 비롯되었지만, 스스로를 더 나은 위치에 있다고 생각하고는 상대방의 의사는 묻지 않고 도와줘야 한다고 혼자 결정하는 것은 매우 독단적인 생각이다. 이는 민주주의가 지향하는 '참여'를 제한하는 것이라고 볼 수 있고, 민주적인 운영을 원칙으로 하는 협동조합의 정신에도 맞지 않는다.

영화에서 조합의 리더 역할을 하는 넬로는 조합원들의 의견을 존중하며 수용했다. 나는 이런 모습을 보며 좋은 리더는 '함께하는 리더', '먼저 참여하는 리더'라는 사실을 깨달았다. 먼저, 넬로는 조합원들에게 말을 편하게 하라고 하는 등 좋은 관계를 형성하려고 노력했다. 관계가 좋으면 논의가 활발하게 이뤄질 수 있고, 사이가 좋으면 협동을 할 때도 도움이 된다. 그리고 어떤 일을 하던 먼저 나서서 참여함으로써 동료들의 자발적인 참여를 이끌어 냈다. 이러한 과정에서 조합원들은 '오너십(ownership)'을 가지게 되었다. 이 오너십이 또 다른 참여와 참여 과정에서의 좋은 의견을 낳았다고 생각한다. 기업이 성공하기 위해서는 좋은 사업과 효율적인 경영이 필요하다. 넬로는 '함께하는 리더'로서 좋은 의견을 바탕으로 결국 좋은 사업을 만들었고, '먼저 행동하는 리더'로서 협동을 유도해 경영의 효율성을 확보했다. 넬로의 리더십이 성공한 협동조합을 만드는 데 큰 기여를 한 것이다.

영화는 내게 장애인의 인권, 특히 참여에 대한 권리를 다시 생각해 보게 하는 좋은 기회가 되었다. 그들의 이야기를 통해 협동의 가치와 리더십을 배울 수 있었다. 사회적 혁신 기업가를 꿈꾸는 내게 정말 좋은 경험이고, 배움이었다.

♡ 사회문제를 해결하며 돈을 버는 기업이란?

협동조합 활동을 하면서 내가 가졌던 가장 큰 고민은 바로 지속가능성이었다. 우리 학교 협동조합은 사회적 협동조합, 즉 사업체다. 비용과 편익을 고려한 사업을 통해 수익을 확보해야 한다. 독산 누리 사회적 협동조합을 만든 목적은, 학생들이 주로 이용하는 학교 매점에서 건강한 먹거리를 판매하고, 매점을 통해 얻은 수익은 장학금 등 여러 방법으로 학생들에게 환원하는 데 있었다. 그러나 학교협동조합은 현실적인 문제를 안고 있었다. 협동조합의 주 사업은 매점 운영이었는데 가장 대표적인 문제가 바로 매점 임대료였다.

학교 매점 임대는 주로 공개 경쟁 입찰 방식으로 이뤄진다. 정확한 금액은 지역에 따라, 학교 규모에 따라 다르지만 대부분 연 2000만 원을 가뿐히 넘는 수준이었다. 매점을 운영해서 얻은 수익을 학생들의 복지에 쓰기 이전에 매점에서 일하는 학부모님들의 임금도 제대로 지급하지 못하는 것이 가장 큰 문제였고, 고민이었다. 다행히 지금은 학교 측에서 매점 임대료를 낮춰 주어 학부모님들께 임금을 지급하고 있고 학생 복지에 쓸 수 있는 수익도 늘어나고 있다. 작년 한 해 동안 학교협동조합 활동을 하면서 학교의 지원이 꼭 필요하고, 학교의 지원이 있다면 학교협동조합은 지속될 수 있다는 것을 절실히 느꼈다. 나는 협동조합의 조합원으로서 이런 문제들을 고민하며 현실적인 감각을 키울 수 있었다.

3학년이 되자 확실히 부담감이 커졌다. 수능 공부와 자기소개서 작성, 면접 준비, 학교 시험에 모두 신경 써야 한다는 압박감 때문이었다. 동시에 진학에 대한 고민도 커졌다. 사회적 기업가라는 꿈을 가진 이후에는 '당연히 경영학과에 가야지.'라는 생각을 가지고 있었다. 그러나 사회적 경제와 사회적 기업에 대해 공부하고 경험하면서 그런 생각에도 변화가 생기기 시작했다.

사회적 기업은 사회문제를 해결하며 돈을 버는 기업이다. 그렇기 때문에 사회적 기업가가 추구해야 할 가치는 두 가지, 이윤 창출과 사회문제 해결이다. 경영 능력만큼 사회문제를 분석하고 해결하는 능력도 중요하지 않겠는가. 그런 생각을 하게 되면서 점점 사회학에 관심을 갖게 되었다. 사회학은 사회문제를 다양한 관점에서 분석하고 해결 방안을 제시하는 학문이기 때문에 사회학과에 진학해 공부하면 사회적 기업가로서의 능력을 키우는 데도 도움이 될 것이라고 생각했다. 또 사회적 경제를 공부하면서 경제학에도 관심이 생겼다. 경제학은 경영을 할 때 도움이 되기도 하겠지만 그보다는 학문적인 호기심이 더 컸다. 그래프와 수를 이용해 수요와 공급의 관계, 각종 재화의 특성, 통화량과 금리의 관계를 분석하는 과정이 흥미로웠고 재미있어 보였다. 그래서 3학년 1학기에 친구들과 경제 자기주도 동아리를 만들어 공부하기도 했다. 그렇게 내가 가고 싶은 학과는 경영학과, 경제학과, 사회학과로 늘어났고, 그중 경영학과와 사회학과를 쉬어서 시원했다.

왜 사회적 기업가가 되고 싶어?

3학년 1학기는 협동조합 활동을 하던 시간을 수능 공부에 투자했다는 점을 제외하고는 2학년 때와 비슷했다. 나는 학생부 종합 전형을 준비했기 때문에 학교 시험 준비도 철저히 하면서 생활기록부의 내용을 꾸준히 채워 갔다.

자소서를 쓰기 시작한 건 여름방학이었다. 스스로도 학교생활을 열심히 했다는 자부심이 있었기 때문에, 자소서를 쓰는 것이 어렵지 않을 거라고 생각했다. 그런데 막상 컴퓨터 앞에 앉아 글을 쓰려고 하니 생각보다 힘들었다. 학교생활을 하면서 배운 것, 경험한 것, 느낀 것, 앞으로 하고 싶은 것도 정말 많았는데 자소서는 분량이 정해져 있기 때문이다. 1000자, 1500자가 나에겐 너무 짧게 느껴졌다. 그래서 선생님들의 조언을 받으며 계속해서 스스로에게 질문을 했다. '정말로 제일 좋았던 활동은 뭐지?', '왜 사회적 기업가가 되고 싶어?', '왜 이 학교에 가고 싶니?', '정말 그런 감정을 느꼈어?' 등 하나같이 당연히 대답할 수 있어야 할 질문들이었다. 그런데 이런 질문들에 대답하기가 생각보다 어려웠다.

학생부 종합 전형을 준비하는 학생들이 제일 먼저 해야 할 일이 뭐냐고 나에게 묻는다면, "너 자신을 알라."고 답해 주고 싶다. 말 그대로 본인에게 솔직해져야 한다는 의미다. 학생부 종합 전형을 준비하는 학생들은 스스로에 대해 알고, 자신이 무엇을 원하는지 알고, 경험한 것을 기억하고 기록하는 과정 하나하나가 정말 중요하다. 이렇게 나는 자소서를 쓰는 과정을 스스로를 돌아볼 기회로 이용했다. 내가 그 당시에 했던 일, 느꼈던 감정들을 복기하며 자연스럽게 면접 준비가 함께 된 것 같다. 그래서 면접을 보기 전에는 선생님, 친구들과 함께 답변 내용을 말로 하는 것만 연습하면 되었다.

내가 1차 서류 평가에 합격해 면접을 보러 간 대학은 모두 두 곳인데 2 대 1 면접 구조였다. 면접관님 두 분과 학생이 면접을 보는 것이다. '설령 떨어지더라도 그건 이 학교가 내 진가를 알아보지 못하는 거지, 내가 부족한 것이 아니니까 평소처럼 하면 될 거야.' 내가 면접 대기실에서 스스로 되뇌었던 말이다. 한결 마음이 편해졌고 자신감이 생겼다. 면접에서는 예상했던 질문도 나왔지만 예상치 못한 질문도 많았다. 협동조합, 사회적 경제, 사회적 기업에 대한 질문은 생각보다 적었다.

가장 기억에 남은 질문은 "학생이 말하는 따뜻한 사회를 만드는 방법으로 왜 하필 사회적 경제를 택한 건가요?"였다. 나는 이렇게 답했다. "제가 사회적 경제를 배우면서, 그리고 사회적 경제와 관련된 다양한 경험을 하면서 따뜻함을 느낄 수 있었기 때문입니다."라고. 당시에는 고민 없이 가볍게 답했지만, 사회적 기업가를 꿈꾸는 내 마음을 가장 잘 표현한 답변이었던 것 같다.

대학에 입학해 학기가 시작되면 정말 열심히 공부하고 싶다. 입시를 위한 공부가 아니라 내가 진정으로 배우고 싶은, 정말로 재미있다고 생각하는 그런 공부를 열심히 하고 싶다. 수업도 열심히 듣고, 세상 공부도 열심히 하고 싶다.

 ## '강물은 낮은 곳으로 흘러 바다가 된다'

쇠귀 신영복 선생님의 말씀으로 고등학교 3학년 담임 선생님께서 면접을 앞둔 나에게 써 주신 글귀다. 선생님께서는 이 글귀를 보고 내가 떠올랐다고 말씀해 주셨는데, 면접을 앞두고 큰 힘이 되었고 자신감을 갖게 해 주었다.

나는 강물 같은 사람이 되고 싶다. 대학 생활을 하며, 졸업 후 사회적 기업가가 되어서도 마찬가지로 강물처럼 낮은 자세로 많은 것을 배우며 살고 싶다. 강물처럼 모든 것을 배웠는지, 또 그렇게 할 수 있을지 장담은 못하겠지만 한 가지 분명하게 말할 수 있는 것은 협동조합 활동을 하면서 정말 많은 것을 얻었다는 것이다.

협동조합 활동을 통해 사람의 가치를 배웠고, 사람들과 사는 법을 배웠다. 나만의 소중한 꿈을 찾았으며, 스스로 생각하고 의견을 표현하는 법을 배웠다. 또 내게 은사라고 할 수 있는 홍태숙 선생님, 매점의 어머님들과 여러 친구를 비롯해 좋은 사람들을 알게 되고, 좋은 추억을 쌓았다. 그들과의 관계 속에서 자연스럽게 함께하는 즐거움을 배웠고, 같이하자고 권유하는 법을 배웠으며, 나름 민주주의도 경험했다.

학교협동조합은 이제 시작이라고 생각한다. 아직은 더 많은 관심이 필요하고, 더 많은 홍보가 이뤄져야 한다. 그러나 학교협동조합 활동을 해 본 학생으로서, 이는 분명 좋은 교육의 기회라고 생각한다. 협동조합 활동을 통해 나 자신의 성장을 경험했기 때문이다.

성인이 되기 전 마지막 교육을 받는 곳이 고등학교다. 꿈을 찾고 이상을 추구하는 것도 중요하지만, 성인이 되어 감에 따라 현실적인 문제도 간과할 수 없다. 나는 협동조합 활동을 통해 다른 고등학생들은 쉽게 해 볼 수 없는 경험들을 쌓았다. 이런 경험들이 고등학교를 졸업하고 대학에 가서, 대학을 졸업한 뒤에도 큰 도움이 될 거라고 확신한다.

요즘 나는 정말 행복하다. 그동안 하고 싶었지만 못했던 것들을 하고 있고, 사회적 기업가가 되어 사회를 변화시키는 내 모습을 상상하며 사는 요즘의 상황이 만족스럽다. 오래되긴 했지만 내가 좋아하는 영화 〈죽은 시인의 사회〉에는 'Carpe Diem'이라는 라틴어가 자주 나온다. 영어로 하면 'Seize the day(현재를 즐기라)'라는 말이다. 고등학교 3년 내내 신조로 삼았던 말이고, 요즘도 현재를 즐기며 살아가고 있다. 훌륭한 사회적 기업가가 될 때까지, 그리고 그 후에도 계속해서 스스로 되뇔 것이다. 현재를 충분히 즐기면 좋은 미래가 온다. 그리고 그런 믿음을 갖고 살아가고 싶다. 지난 3년의 경험을 떠올리며, 지금 이 글을 읽는 독자들에게도 꼭 말해 주고 싶다.

"지금 이 순간을 즐기세요(Carpe Diem)!"

우리들의 학교협동조합 이야기

정동욱(삼성고등학교 재학생)

♡ 피할 수 없다면 즐겨라

부모님이나 선생님께 인생에서 가장 즐거웠던 시기가 언제였냐고 물어 보면 흔히 고등학교 때였다고 대답하신다. 틀린 말은 아니라고 생각한다. 지나고 나면 더 확실히 알게 되겠지만 지금 고등학교 생활을 돌이켜 보아도 어른들의 그 이야기가 실감난다.

물론 처음부터 그런 것은 아니었다. 고등학교 입학을 앞둔 중학교 3학년 때, 나는 익숙한 중학교 시절을 잃게 되는 두려움이 컸다. 다행히 다니던 중학교 소속의 재단에 고등학교가 있었기에, 나름 '소중한 익숙함'을 잃지 않으려고 그 고등학교를 1지망에 넣어 놓고 안도하고 있었다. 하지만 2월 졸업식 때 내 희망과는 다른 결과가 찾아왔다. 통지서에 적혀 있던 이름은 같은 재단의 1지망 학교도, 2지망 학교도 아닌, 전혀 생각지 않았던 '삼성고등학교'였다. 나는 갑자기 찾아온 '통보'에 충격을 받았다. 누군가 '피할 수 없다면 즐기라.'고 했던가? 나는 피할 수 있으면 어떻게든 피하고 싶었고, 피하고 싶은 걸 즐길 마음 따위는 전혀 준비되어 있지 않았다.

생각지 않았던 학교라는 건 둘째치고라도 '삼성고'는 우리들 사이에 별로 소문이 좋지 않은 학교였다. 학생들 질이 나쁘다는 이야기가 많았기 때문이다. 그런 학교에서 고등학생 시절을 보내야 한다는 것만으로 두려움이 밀려왔다. 그동안의 익숙함을 버리고 새로운 학교에 간다는 것도 두려운데 그 학교가 삼성고라니,

더욱 힘들게 느껴졌던 것이다. 이렇게 가중된 두려움은 하루하루 지날수록 커져만 갔다. 나의 두려움은 아랑곳하지 않고 시간은 흐르고 흘러 고등학교 입학식 날이 되어 버렸다. 결국 '그' 고등학교는 내게 현실이 되었다.

3월 입학식이 열리는 날, 누군가는 가벼운 마음으로 새로운 배움디를 찾아갔겠지만, 나의 발길음은 아직 떨쳐내지 못한 두려움으로 무거웠다. 하지만 막상 입학식을 하기 위해 체육관으로 가서 1학년 우리 반 아이들을 보는데, 생각보다 다들 순해 보여 내내 나를 힘들게 했던 그 '무서운 학교'라는 생각은 어디론가 사라지고 없었다.

입학식 이후, 고등학교에서의 삶은 두려움 대신 새로움이 그 자리를 메워 나갔다. 새로운 학교, 새로운 선생님, 새로운 친구 그리고 새로운 인식. 학교에 적응하면서 나의 내성적인 성격도 변화하고 있었다. 중학교 때에 비해 내 의견을 말하거나 남들 앞에 서는 일도 하게 될 정도로 적극적인 성격이 되었다. 생각해 보면 입학식 전까지 느꼈던 '새로움에 대한 두려움'은 나의 인생에서 수없이 겪게 될 새로운 익숙함을 만드는 과정인 것 같다는 생각이 든다.

난 어쩌면 삼성고의 악명이 두려워서 학교에 가기를 꺼려 했던 것이 아닐 수도 있다. 그저 익숙함에 젖어 '새로운 변화' 자체를 두려워한 것일지도 모른다. 사람들은 익숙한 것이 사라지는 것을 두려워한다. 물론 새로운 것이 항상 좋은 것은 아닐 수도 있다. 잘못된 선택일 수도 있다. 하지만 익숙한 것만 찾는다면 변화할 수 없다. 그렇기에 이제 나는 변화 앞에서 두려움을 느끼고 있을 그 누군가에게 이렇게 말해 주고 싶다. 익숙함의 변화를 두려워 말고 새로움을 체험해 보는 것이 어떠냐고. 피할 수 없다면 즐겨 보는 게 어떠냐고.

목마른 사람이 우물 판다

삼성고에 조금씩 익숙해지면서 예전의 환경과 다른 점들이 눈에 들어오기 시작했다. 첫째는 학교의 크기였다. 내가 다닌 중학교는 두 개의 고등학교와 붙어 있고 뒷동산도 있었기에 학생들의 생활공간이 넓었다. 하지만 두 개의 고등학교를 중학생들은 쉽게 출입할 수 없었기 때문에 삼성고의 생활 공간이 작아도 딱히 불편하다는 느낌은 받지 못했다. 둘째는 체육관 시설 이용 여부였다. 삼성고의 체육관은 좁기도 했고 사용 시간 또한 제한을 받았다. 하지만 이 또한 체육관에서만 운동을 하는 것이 아니기에 익숙해졌다.

하지만 새로운 학교에서 생활할수록 더욱더 간절해지는 것이 있었다. 바로 매점의 존재였다. 더운 여름날 운동장에서 뛰놀다 친구와 음료수를 나누어 먹으며 쌓아 가는 우정도 그렇고, 더운 여름을 이겨내게 하는 아이스크림의 시원함 그리고 추운 겨울 꽁 꽁 언 손발을 녹이는 따뜻한 음료의 온기도 그리웠다. 특히 친구들과 추억을 쌓을 수 없다는 게 아쉬웠다. 매점이 없는 삼성고에서는 경험할 수 없는 그런 기억이 아쉬웠다. 하지만 아쉬움을 느끼면서도 '혼자 하기에는 너무 큰일이야.' 또는 '매점이 없는 건 아쉽지만 어쩌겠어.' 하는 마음만 가지고 있었다.

삼성고에 원래부터 매점이 없었던 것은 아니었다. 매점에서 팔던 '정크푸드 퇴출'을 위해 학교와 학부모들이 동의해 폐쇄해 버린 것이다. 그런 상황이었기에 매점의 재입점이 힘들어 보인 것도 사실이다.

'목마른 사람이 우물 판다.'는 속담이 있다. 어떤 일이든 절실하게 필요한 사람이 서둘러서 시작한다는 말이다. 매점이 폐쇄된 이후 학생회 선거에서 매점을 다시 만들겠다는 선거 공약을 내건 후보단이 당선되었다. 즉 학생들은 진정으로 매점을 원했던 것이다. 나는, 아니 우리는 우리가 만들 수 있는 추억에 목이 말랐다. 그래서 매점이라는 우물을 파고 싶어졌다.

매점을 새로 열기 위해서는 해결해야 할 일이 있었다. 바로 이전 매점을 폐쇄했던 이유를 해결해야 했다. 매점에서 '닭 대가리 햄버거'뿐 아니라 다른 여러 정크푸드를 판매한 사실이 알려지면서 학교와 학부모들은 건강하고 안전한 먹거리에 대한 관심이 컸다. 그 과정에서 삼성고 또한 학생들의 건강을 위해 매점을 폐쇄했지만, 매점을 필요로 하는 학생들의 요구가 거세자 선택의 기로에 빠질 수밖에 없었다. 그렇게 고민하던 중 매점에 왜 정크푸드가 들어오게 되었는지를 생각하게 되었다.

지금까지의 교내 매점은 사업자가 이익을 창출하기 위해 장사를 하는 곳이었다. 심지어 학교가 여러 개 있는 곳에 위치한 매점은 한 달 수익이 거의 집 한 채 값 정도라고 한다. 이런 이야기를 들어 보니 학교 매점을 노리는 기업들이 적잖은 이유를 이해할 수 있었다. 경쟁 상대가 많으니 매점 입점을 위해 사업자는 출혈을 감수해야 하고, 이윤을 많이 남기기 위해서는 정크푸드 같은 불량식품 판매는 당연한 것이었다. 따라서 다시 외부 기업이 매점을 운영한다면 정크푸드가 들어오는 것은 불을 보듯 뻔했다. 그래서 나온 생각이 학생들이 학교협동조합을 만들어서 직접 운영해 나가자는 것이었다. 처음 의도는 '학생들에게 좋은 것을 팔면 된다.'였지만, 우리는 거기에서 그치지 않고 매점이 학생들에게는 추억의 공간이자 쉼터이며, 지역사회와 더불어 살아가기 위한 새로운 공간으로 만들기 위해 많은 토의를 하기에 이르렀고, 2015년 5월 20일 첫 총회를 개최하였다. 바로 그날 삼성고 사회적 협동조합의 첫걸음이 시작된 것이다. 그렇다. 눈앞에 문제가 크다고 포기해서는 안 된다. 함께 고민하면 반드시 길은 있기 마련이다.

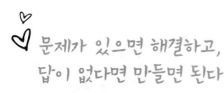

문제가 있으면 해결하고, 답이 없다면 만들면 된다

학교협동조합이 생기고 난 후 우리 학교의 매점 개점은 점차 현실로 다가오고 있었다. 하지만 자금, 장소 등 매점 운영을 위해 해결해야 할 문제는 많았다. 학생들로서는 자금 문제가 사실 크게 와 닿지도 않았고 정확히 알기도 어려웠다. 우리에게 가장 크게 와 닿은 건 바로 '장소의 부재'였을 것이다. 정작 매점을 운영할 장소가 없다면, 매점을 열 수도 없고 학생들에게 좋은 먹거리를 제공할 수도 없다. 우리만의 매점을 위한 적당한 장소가 걱정이었다.

이를 바보 같은 고민이라고 생각하는 학생도 있었다. 왜냐하면 삼성고는 앞서 말했듯이 원래 매점이 있었으니까. 하지만 이전의 매점 공간은 사용할 수 없었다. 불량식품 판매 외에 매점의 폐쇄 원인 중 하나가 공간의 안전성 부족이었기 때문이다. 장소 문제는 그 당시 삼성고 사회적 협동조합이 학생들과 만나기 위해서 해결해야 할 가장 큰 문제였다.

고민 끝에 임시 매점 장소 후보를 두 곳으로 나누었다. 장소가 넓고 남학생동과 여학생동 사이에 위치한 무용실과, 무용실보다는 좁지만 급식실 가는 길목에 있어 모든 학생이 하루 한 번씩은 꼭 지나쳐 가는 회의실이 있었다. 우리는 투표를 했고, 회의실을 매점으로 사용하기로 결정했다. 사실 회의실은 무용실에 비해 공

[그림1] 정식 매점 개점을 위한 내부 단장 준비

[그림2] 매점에 들어갈 소품을 학생들이 직접 페인트로 칠하고 있다.

간이 작아 많은 인원을 수용하기 힘들다는 단점이 있었다. 하지만 삼성고의 인원이 600명 정도로 비교적 적어서 크게 문제될 건 없었다.

장소 문제가 해결된 다음 가장 중요한 것은 학생들에게 매점의 존재를 홍보하는 것이었다. 정식 매점이 되기 위해서는 꼭 필요한 과정이었다. 그런 점에서도 학생들이 밥 먹기 전에 꼭 지나가게 되는 회의실은 위치적으로 탁월한 선택이었다. 학생들이 매일 지나가는 길목에 홍보 포스터를 붙이고 우리 학교에도 매점이 다시 생긴다는 사실을 상기시켰고, 학생들이 기억해 주자 매점의 존재는 점점 확실해져 갔다.

푸드득? 푸드득(food得)!

그렇게 공간이 생기고 매점의 존재가 확인되었지만 부족한 것이 있었다. '이름'이었다. 그저 '매점'이라 부르기보다는 정감이 넘치는 우리 학교 매점만의 이름이 필요했다. 그래서 삼성고 사회적 협동조합은 '매점 이름 공모'를 했다. 학생들과 학부모, 또는 교사들이 자신이 생각하는 매점 이름을 적어 냈고, 그 결과 한 학생이 낸 '푸드득(food得) 날터'라는 이름이 정해졌다. 이름이 정해지고 나자 더욱더 정감이 가는 매점이 되었다.

하지만 막상 시작해 보니 운영이 쉽지 않았다. 무엇보다 매점

[그림3] 매점 이름을 공모해서 '푸드득(food得) 날터'라고 지었다.

의 재탄생 취지가 이윤 추구만을 원하는 기업들과는 달리 학교협동조합을 만드는 것에 있었기 때문이다. 실제 매점에서의 물품 판매로는 그리 큰 이윤이 남지 않았고, 그나마 학생들이 많이 먹는 빙과류로 겨우 운영되고 있었다. 상황이 그렇다 보니 매점의 수익만으로는 직원 한 명 고용하기 힘든 실정이었다. 거기다 다른 곳의 학교협동조합들과 달리 삼성고는 혁신고로 지정되지 않아 다른 지원 없이 지역사회 내 조합원들의 힘으로 겨우 세워졌기 때문에 문제를 해결할 때 도움을 받을 수 있는 선례도 거의 없었다.

삼성고 사회적 협동조합은 관악구에서는 첫 번째, 서울시에서는 네 번째로 만들어졌다. 그래서인지 법률적으로 혜택을 받기도 힘들고 공중비와 같은 비용 문제 때문에 진땀을 흘렸다. 이런 고난이 있었지만 학부모님들의 헌신과 봉사 덕분에 임시 매점을 지속할 수 있었다.

사실 회의실 매점은 어디까지나 임시 매점이었다. 정식 푸드득 날터의 공간으로 학교에서 도서실의 잘 사용하지 않는 공간을 빌려주기로 했고 내부 인테리어 시공만 남아 있었다. 그런데 설계도까지 나온 시점에서 문제가 발생했다. 업체 문제로 내부 인테리어가 계속해서 연기됐다. 결국 예정보다는 늦었지만 10월 26일 삼성고의 '푸드득 날터'가 개소식을 하면서 정식 운영을 시작하게 되었다.

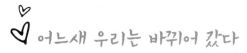

어느새 우리는 바뀌어 갔다

나에게 지난 1년은 길기도 하고 짧기도 한 시간이었다. 그 시간 동안 나와 삼성고에도 많은 변화가 있었다. 새로운 학교생활을 시작하면서 협동조합에 참여하고, 함께 우리의 매점을 다시 열고, 크고 작은 문제들을 겪으며 분명 나는 예전과는 다른 마음가짐을 갖게 되었다. 물론 눈에 보일 만큼 큰 변화는 아니었다.

하지만 생각이 바뀌면 모든 게 바뀐다고 하지 않은가. 내 안에서 무언가 달라지고 있다는 것을 느끼면서 나는 나의 '바뀐 생각'

을 행동으로 옮기고 싶은 마음이 생기기 시작했다. 처음 내가 이 일을 시작했을 때 친구들은 "네가 이런 걸 한다고?" 하며 놀라기도 하고 "잘 어울린다."며 응원해 주기도 했다. 아마도 놀라워하는 친구들이 더 많았으리라 생각한다. 나 자신조차 예상하지 못한 쪽으로 나는 크고 작은 변화들을 겪었다. 처음 '사회적 협동조합'에 대한 이야기를 들었을 때만 하더라도 나는 '사회적'이라는 단어의 의미도 알지 못했다. 그러나 설명을 듣다 보니 학생들을 위한 매점이라든가, 이윤을 좋은 곳에 사용할 수 있다든가 하는 것들이 내게 뭔가를 하고 싶게 만드는 매력이 있었다. 그럼 나도 한 번 해 볼까? 우리가 힘을 합하면 뭔가 이룰 수 있지 않을까? 하는 생각들이 나를 흔들기 시작했다. 그래서 내 행동을 바꾸기 위해 먼저 학교협동조합과 학생을 연결해 주는 '세상을 바꾸는 coop(세바쿱)'이라는 동아리에 들어가기로 마음먹었다. 동아리에 들어간 후 학생이사 신청을 하고 이사회에 학생이사로 참여했다.

'세바쿱'에 들어가서 느꼈던 것은 운영 자체가 여느 동아리들과는 다르다는 것이었다. 선생님이 짜 놓은 계획에 끌려가는 것이 아니라 학생들이 회의를 통해 자신들이 하고 싶은 활동을 정하고 해냈다. 예를 들어 삼성고 사회적 협동조합의 정관 중에 고쳐야 할 내용이 생기면 학생들이 회의를 거쳐 개정한다. 그리고 총회와 조합원 행사 또한 동아리원의 의견을 수용해 만들어 갔다. 모든 것을 우리가 결정하고, 그대로 이루어졌다. 조금씩, 아주 조금씩 우리가 살고 있는 이 작은 세상은 말 그대로 '바뀌어' 가고 있었다.

2015년 세바쿱 동아리 전체가 독산고등학교 축제 기간 방문해서 그들의 활동을 살펴보았다. 학생이사들은 매점 운영에 대한 자문을 구하고, 동아리원들은 학교를 돌아다니다 그곳에서 '캔모아 축구공'이라고 하는 재활용 운동을 보게 되었다. 우리도 해 보면 재미있을 것 같다는 생각을 했지만 당시는 매점이 아직 제대로 정비되지 않아서 캠페인을 열기에는 여러모로 부족한 상태였다. 그래서 다음 해 다시 회의를 해서 세바쿱산 캔모아 축구공을 기획하게 되었다.

캔모아 축구공은 학생들의 재활용 활동을 집계해 1등 팀에게 선물을 주면서 학생들에게 재활용 문화를 전파하기 위한 활동이었다. 하지만 관심이 저조하다면 문화 형성은커녕 있었는지도 모르는 그저 그런 행사가 되었을 것이다. 우리는 먼저 이 행사를 알리기 위해 세바쿱만의 쓰레기통을 만들기로 했다. 직접 쓰레기통을 설계하고 칠하면서 완성해, 학생들이 지나다니는 통로에 두고 홍보를 하기 시작했다. 4주에 걸쳐 진행하는 동안 다섯 봉지의 캔이 모이게 되었다. 작지만 나름의 결과를 내게 된 것이다.

12월, 학교 행사가 끝날 무렵 학교의 분위기는 뭐랄까, 바람이 빠져나가는 풍선처럼 처지고 있었다. 그런 분위기를 바꿔 보자는 생각에 우리는 이벤트를 계획해 보기로 했다. 'shop in shop(어울가게)'이 그것이었다. 다른 고등학교 매점에서 학생들 스스로 자신들의 물품을 판다는 이야기를 듣고 떠올리게 된 아이디어이다. 우리는 학생들에게 매점에서 자신들의 물건을 판매하는 대신 재료비를 제외한 나머지는 기부한다는 형식으로 '어울가게'를 진행했다. 처음이었지만 4팀이 참여해 상당히 많은 물품을 팔았다. 어울가게는 2016년에도 열렸는데 전해에 비해 2배 정도 되는 팀이 참가했고, 종목 또한 먹거리, 가방, 액세서리 등 다양해졌다. 세바쿱 동아리원들도 같이 참가해 직접 만든 천연비누를 판매해 그 수익을 전액 기부했다. 어울가게를 하면서 우리는 수익을 극대화하기 위한 상업적인 전략을 배우기보다, 자신이 가진 것을 남과 나누고 거기서 발생하는 수익 또한 기부하는 과정을 통해 사람들과 어울려 같이 살아가는 방법을 배우게 되었다.

세바쿱과 삼성고 사회적 협동조합은 학교 내에서만 활동하는 것이 아니라 조금씩 더 넓은 세상과 만나기 위해 다른 학교나 단체와도 계속해서 소통하고 있다. 지역의 협동조합에서 만든 제품도 팔고, 관악구 어르신들의 사회적 일자리를 만들기 위해 친환경 빵을 만드는 예비 사회적 기업인 서울대학교의 '위시 베이커리'에서 만든 빵을 팔기도 한다. 다른 학교협동조합과 함께 1박 2일 동안 서로를 배우는 시간을 갖기도 하고, 우리 학교 학부모들이 다른 지역 고등학교에서 하는 강의를 듣고 공부하여 강사단으로서 협동조합을 알리기도 하고, 또 다른 고등학교에서 학교협동조합을 만들고자 우리 학교에 찾아오기도 했다.

세바쿱 활동을 하면서 우리 모두는 '함께'하면서 '같이' 변화되고 있었다고 생각한다. 처음 아무것도 모른 채 두려움에 떨던 나 역시 삼성고 안에서 이제 새로운 익숙함을 만끽하며 나름 가치 있는 시간을 보내게 되었다. 지금 내가 무엇이 되어 있다고 생각 하는 것은 아니지만 분명 이런 나의 시간들은 현재의 나를 긍정 적으로 바꾸고, 미래의 나를 만들어 가는 소중한 경험들이 될 것 이 분명하다. 그리고 어른이 된 이후 가장 즐거운 시간이 언제였 냐고 누가 물어 온다면, 아마도 망설이지 않고 고등학교 시절이 었다고 말할 것 같다.

꿈이 날아오르기 시작하면

1년간 협동조합 활동을 하면서 아직은 우리가 살고 있는 이 사 회, 우리의 현실에는 수많은 장벽이 있다는 걸 느꼈다. 사회적 협 동조합의 처음부터 함께 적극적으로 활동하던 학생이 있었다. 그 학생은 학생이사가 되고 싶어 했지만, 부모님이 학생에게 경제 활동은 아직 이르다는 말로 허락하지 않아서 결국 학생이사가 될 수 없었다. '선입견', '오해'들 역시 우리가 당면한 장벽들이다. 그 학생의 부모님이 인식하는 것과는 다르게 학교협동조합은 수익 을 창출해야 하는 다른 협동조합들과는 성질이 다르다. 학교협동 조합은 물질이 아닌 교육이라는 사회적 가치를 중시한다. 하지만 아직 우리 사회는 학교협동조합에 대한 인식이 턱없이 부족한 것이 현실이다. 학교협동조합에 대한 법률이나 정부의 보조도 미흡하다. 학교협동조합은 이윤 추구보다 교육이 목적임에도 오히려 사기업보다 혜택을 덜 받는 경우도 있다.

삼성고 사회적 협동조합 역시 이로 인해 고난을 겪었고, 지금도 관련 법률을 찾으며 고군분투 중이다. 그리고 만드는 절차 역시 복잡하기 때문에 학교의 자력만으로는 무리가 있다. 일단 학교협동조합을 하나의 새로운 경제 집단으로 보고 학교협동조합에 대한 새로운 체제를 만들어야 한다. 그리고 지금의 복잡한 절차를 도와주는 기관을 만들고, 점차 복잡한 절차를 간소화해야 한다. 그렇기에 정부 차원에서 학교협동조합을 홍보하고, 더불어 지원 역시 더욱더 많아져야 한다고 생각한다. 다양하고 지속적인 홍보와, 또 지금 늘어나는 추세인 학교협동조합의 진정한 모습을 보게 된다면 많은 사람이 학교협동조합의 의미와 가치를 이해하게 될 것이다.

앞으로 사회가 함께 이 장벽들을 해결한다면 학생들은 경직된 기존의 교육과정에서 벗어나 다양성을 추구할 수 있을 것이다. 노동이나 인권과 같은 사회적 문제들을 고민하며 창업 정신도 배울 수 있다. 그리고 학교협동조합에서의 경험을 통해 공동의 문제를 함께 해결하는 방법도 배울 수 있을 것이다. 어쩌면 이런 활동들이 현 교육의 문제점인 무한 경쟁에서 벗어나 다양성을 추구하는 시작점이 될 수도 있다. 하지만 학교협동조합에 관한 사람들의 인식이 부족하고 새로운 체제가 마련되지 않으면 불가능할 것이다. 그렇기에 비록 작은 힘일지라도 나는 다른 이들과 협력해 학교협동조합이 제대로 정착할 때까지 포기하지 않을 생각이다.

 '푸드득' 소리와 함께 시작된 우리의 작은 날갯짓이 언젠가는 활짝 나래를 펴고 세상을 향해 높이 날아오르는 날을 기대해 본다.

우리들의 학교협동조합 이야기

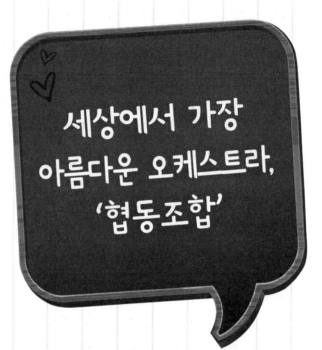

세상에서 가장
아름다운 오케스트라,
'협동조합'

한수아(영림중학교 재학생)

어디선가 오케스트라를 '하나의 큰 악기'라고 한 말을 들은 적이 있다. 목관악기, 금관악기, 타악기, 현악기가 모두 함께 연주하는 걸 오케스트라라고 한다. 적게는 수십 명, 많게는 100명도 넘는 연주자들이 서로 어울리며 마치 하나의 악기가 소리를 내듯 한마음이 되어 멋진 연주를 하는 것이다.

나는 우리가 살고 있는 이 세상도 어쩌면 하나의 큰 오케스트라가 아닐까 하는 생각을 해 본다. 서로 다른 사람들이 모여서 살아간다는 것과 그 사람들이 제각기 다른 소리를 더해 조화를 이루며 서로 더 나은 세상을 만들기 위해 노력한다는 점이 그렇게 느껴졌다.

세상에는 나를 포함해 정말 많은 사람이 살고 있다. 그중 한 사람도 같은 사람이 없고, 같은 생각을 갖고 있지도 않다. 모든 사회가 다 아름다운 음악을 연주하는 것도 아니다. 때로는 서로 다투기도 하고, 끊임없이 경쟁하고, 다른 사람의 이익보다는 자신의 이익이 먼저인 사람도 셀 수 없이 많다. 하지만 모두가 그런 것은 아니다. 세상에는 좋은 생각으로 좋은 소리를 내는 사람도, 사회도 많다. 나는 협동조합이란 것을 경험하면서 이런 '좋은 사회', '좋은 사람들'이 세상에는 많다는 것을 알게 되었다. 그리고 좀 더 많은 사람이 이 좋은 사람들의 이야기를 알았으면 좋겠다고 생각하게 되었다. 100명이 아닌 수백 명, 아니 수천, 수만의 사람들과 함께 더 나은 세상을 만들게 된다면 얼마나 좋을까. 나에게 '협동조합'이란 세상에서 가장 큰 악기, 아니 세상에서 가장 큰 오케스트라이며, 세상에서 가장 아름다운 소리를 내는 오케스트라와 같다.

'세상'이라는 거대한 무대 위에서 '행복'이라는 아름다운 곡을 '함께' 연주하는 '세상에서 가장 아름다운 오케스트라', 그것이 바로 '협동'이다.

♡ 노는 게 제일 좋아!

초등학생 때 나는 선생님들과 굉장히 가깝게 지내고 여자아이들과 수다를 떨며 노는 것보다 남자아이들과 뛰노는 것이 훨씬 편했고 그게 좋았던 아이였다. 그러다 보니 남자라고 오해를 받은 날도 허다했다. 아침에 일찍 와서 남자아이들과 선생님과 어울려 럭비를 하기도 하고, 교내 체육대회가 있으면 상을 다 쓸어오는 정도라고 할까. 자랑같이 보이겠지만 지금도 그 정도 실력은 여전하다. 최근 학교에서 열린 축구대회에서 구경하는 모든 사람들한테 "쟤 뭐야?"라는 소리를 들을 정도니까 자랑만은 아니라고 생각한다. 뭐든 열심히 하고 친구들을 이끌어 나가는 목소리 큰 아이, 공부보다는 예체능 쪽에 소질이 많은 아이. 대부분의 아이들처럼 초등학교 때는 시험공부를 하지 않아도 되니 성적 걱정도 없고 자연히 공부를 위해 학원을 다닌 적도 없었다.

그렇다고 공부에 관심이 전혀 없지는 않았다. 우리 집은 다행히 공부가 최우선이 아니라 '정말 네가 하고 싶은 것을 해라.'라는 분위기였기 때문에 수업 시간에 집중하고 잘 들으며 6년을 보냈다.

나는 매사에 긍정적인 아이였던 것 같다. 나름대로 자존감도 높고, 살면서 하는 모든 일이 다 행복했다. 지금이나 초등학교 때나 달라지지 않은 것이 하나 있는데 낙천적으로 사는 것이다. 그때는 친구 관계도 어렵지 않았고, 공부 스트레스도 없었다. 고민이 있어도 하루면 금방 없어지는 스타일이라고 할까. 나쁘게 말하면 기억력도 안 좋고 아무 생각 없이 사는 것 같겠지만 나는 나의 이 성격이 마음에 들었다.

물론 요즘 들어 드는 생각이지만, 사실 이런 성격이 그렇게 좋은 것만은 아닐 수도 있겠다고 생각한다. 다른 사람들의 말을 귀기울여 들어도 하루면 까먹고, 내가 고민이 없어서인지 때로는 친구들의 고민이 공감되지 않을 때도 있다. 그렇게 아무 고민 없이 살았기 때문인지 요즘 현실을 알게 되면서 밀려오는 생각들이 부담스러울 때가 많다. 예전에는 아무 생각 없이 살아서 모든 것이 다 행복했는데, 요즘은 고민도 많고 '고등학교'라는 것이 너무 크게 다가와서 감당이 안 되는 것 같다. 친구 관계만 해도 그렇다. 오히려 아무것도 모르고 있을 때가 더 좋았던 것 같다. 마냥 놀기만 하던 그 때로 돌아가고 싶기도 하고.

초등학교 때 내 꿈은 경찰이었다. 성격 자체가 정의롭고 활발하다 보니 주위에서 형사, 경찰 같은 직업을 추천받기도 한 때문이지만, 나 역시 경찰이 된 내 모습을 상상만 해 봐도 멋있게 느껴졌기 때문이다. 6학년 때는 정말 경찰이 되고 싶어서 경찰이라는 직업에 관해 알아보고 찾아도 봤는데, 경찰이 되려면 정말 공부를 열심히 해야 한다는 '뼈아픈 현실'에 좌절하고 포기하고 말았다. 하지만 지금은 열심히 공부하고 운동도 꾸준히 해서 도전해 보고 싶은 생가도 든다.

'협동'의 재발견

영림중학교에 입학하기 전, 그러니까 '협동조합' 활동에 대한 내 이야기를 하기 전에 이야기하고 싶은 것이 하나 있다. 중학교에 들어와 협동조합을 알기 훨씬 이전부터 사실 나는 이미 '협동'이란 것에 대해 배우고 느끼고 살아가고 있었다고 생각한다. 어쩌면 아마도 중학교에 들어와 자연스럽게 협동조합에 끌리게 된 이유가 바로 이것 때문이 아니었을까 한다.

내 초등학교 생활에서 가장 중요한 것 두 가지만 말하면 '오케스트라'와 '친구'다. 오케스트라 활동은 내 생애 최초의 '협동'이라고 할 수 있다. 초등학교 때 나는 오케스트라에 소속돼 많은 연주와 연습을 했고, 또 좋아했다. 처음 오케스트라에 들어가 합주를 할 때에는 내 악기 소리를 듣고 악보를 읽는 것에만 급급했는데 어느 정도 지나고 나자 막연히 지휘만 보고 연주하는 것이 아닌 다른 악기들의 소리를 듣고 들어갈 정도가 되었다. 그리고 함께 연주하던 오케스트라 친구들과 거의 5년째 알고 지내다 보니 웬만한 학교 친구들보다 더 친한 사이가 됐다. 그렇게 친한 친구들과 합주를 하니 연습하는 날이 즐겁고 기다려졌다. 그 친구들과는 그렇게 몇 년을 같이 연습하고 놀았지만 한 번도 심하게 싸운 적이 없다. 너무 논다고 혼난 적은 많지만. 지금은 예전같이 열심히 할 정도는 아니어서 취미로 미뤄 두고 있지만 오케스트라는 내 초등학교 시절 가장 큰 추억 중의 하나임에는 변함이 없다.

그리고 중요한 것 또 하나, 그것은 '6학년 때의 반 친구들'이다. 우리 반은 유독 다른 반들보다 단합이 잘되어서 정말 즐겁게 1년을 보냈다. 내가 생각하기에 우리 반 단합이 잘되었던 것은 '선생님과 우리의 관계'도 한몫했다고 본다. 6학년 때 담임 선생님은 4학년 때도 담임 선생님이어서 다른 친구들보다 내가 훨씬 친했다. 담임 선생님은 수업도 재미있게 잘하셨고 우리들 마음을 정말 잘 알아 주셨다. 5학년, 6학년이 가기로 계획되어 있던 캠프가 모두 취소되어 아이들이 많이 속상해했는데 선생님께선 우리를 다 선생님의 집으로 초대해서 함께 놀았던 기억이 있다. 그렇게까지 우리를 생각해 주신 것에 대해 항상 감사하게 생각한다. 지금도 해가 바뀌어 봄이 오면 선생님과 만나 고민을 상담하기도 하고 밀린 얘기도 한다. 선생님은 우리와 만나 사실상 가장 걱정되는 학업이나 진로와 관련해 현실적인 조언을 해 주신다. 그래서 6학년 때의 우리 반 아이들 모두 나중에 성인이 되어서도 선생님과 같이 만나 이야기하자고 약속할 만큼 사이도 좋고 단합도 잘되었다.

나는 초등학교 시절을 그렇게 '복' 받으며 살았던 것 같다. 정말 운 좋게도 초등학교 시절부터 좋은 사람들과 만났고, 그래서 하루하루가 즐거움의 연속이었다. 초등학교 6년 동안 학교 가기 싫다는 생각을 한 번도 해 본 적이 없다. 지금 돌이켜 생가해 보니 나는 누구보다 행복했고, 나도 모르는 사이 내 생활에는 '협동'이 있었던 것 같다. 그리고 그 협동의 즐거움을 이미 알고 있었을지도 모르겠다.

중학생이 되자 모든 게 달라졌다

영림중에 입학하게 된 것은 말 그대로 '근거리 배정', 초등학교를 졸업하는 거의 모든 학생에게 공통되는 이유인 '집과 가까워서'였다. 또 이미 언니가 영림중에 다니고 있었던 상황이라 학교에 가기 전에 어느 정도 얘기는 듣고 갔다. 뭔가 새로운 시작이라 기대한 것도 있었는데, 사실은 모든 게 그대로였다. 초등학교 친구들 대부분이 영림중에 다니게 되었기 때문이다. 99명 중 98명이 같은 학교로 왔으니까. 결국 나는 '똑같다.'라는 생각과 함께 중학교에 대한 작은 환상도 남지 않게 되었다. 하지만 그건 내 착각이었다. 중학교에 오면서 나와 내 주변의 많은 것이 달라지기 시작했다.

입학 당시 나는 우리 학교가 혁신학교라는 것을 몰랐다. '혁신학교'라는 알게 된 것은 입학을 하고 나서이다. 당연히 다른 학교와 뭔가 차이가 있을 거라고는 생각도 못했다.

혁신학교 학생으로 생활하면서 혁신학교라서 싫다는 친구도 보고 좋다는 친구도 봤는데, 나는 '좋다'는 쪽이다. 싫어하는 학생들은 대부분 강의식 수업을 좋아하거나, 제대로 진행이 되지 않는 모둠 수업이 싫어서 그런 것이라고 생각하는데 나는 일방적인 강의식 수업보다 이런 토의식 모둠 수업 방식이 훨씬 잘 맞고 좋았다.

일단 초등학교 때와는 교실의 책상 배치부터 달랐다. 'ㄷ'자로 책상을 배치하고, 각 모둠마다 칠판이 하나씩 있어 수업 시간에 친구들과 같이 이야기하고 토의하는 시간이 많았다. 당시 다른 학교는 다들 자유학기제를 먼저 실시하고 있었는데, 우리 학교만 자유학기제가 아니어서 그때는 시험도 안 보고 놀러 다니는 '자유학기제 학교'가 너무나도 부러웠다. 지금 생각해 보면 차라리 안 하는 것이 훨씬 나은 것 같다.

나는 우리 학교가 혁신학교라는 것에 굉장히 만족하고 있다. 모둠 활동이 공부를 방해한 적도 있기는 하지만 그래도 확실히 이해하고 나중에 기억할 때 편한 것 같다. 이런 수업 방식의 작은 변화는 실상 아무것도 아닌 것 같지만 막상 경험해 보고 나면 정말 좋다는 것을 알게 될 것이다.

우리 학교 선생님들 중에는 수업을 하다 어떠한 주제에 대해 학생들끼리 의견 대립이 나타나면, 그 즉시 그것에 대해 생각해 보고 조사해 오라고 하셨다. 처음에는 굉장히 귀찮았지만 계속 수업을 하다 보니 내가 궁금한 것이 풀릴 때까지 찾아보게 되었다. 이런 형태의 수업이 혁신학교에만 있을 것이라고는 생각지 않지만 대부분 학교들은 선생님이 설명하고 학생들은 그 내용을 필기한다. 그러니 선생님과 학생들 사이에 교류도 없고, 수업에 집중하지 못하는 아이들도 많다고 알고 있다. 토의식 수업은 이야기하는 시간이 많아 수업에 참여하겠다는 마음만 가지면 선생님과 생각을 같이 이야기할 수 있다. 그런 점에서 혁신학교는 필요하고 많이 생겼으면 하는 바람이다.

사실 중학교에 들어와서 또 달라진 것은 시험에 대한 압박이었다. 원래 따로 공부를 안 하는 스타일이라서 그런 것으로 스트레스를 받는 편이 아니었는데, 중학교에서는 초등학교와는 다르게 중간고사와 기말고사의 압박이 컸다. 그 압박 때문에 항상 학기 초는 열심히 공부해서 좋은 성적을 얻지만 학기 말이 되면 조금씩 끈기를 잃어 나태해지는 것이 내 눈에도 보일 정도였다. 경찰이라는 꿈도 공부를 하기 싫어서 떠나 보내려고 했으니. 지금 돌이켜보니 1학년 때는 2학년 때에 비해 아무런 노력도 안 하고 살았다는 생각이 든다.

중학생이 되면서 오케스트라 활동에도 변화가 생겼는데, 일단 같이하던 친구들이 하나둘씩 그만두기 시작했다. 다들 수학이나 영어 학원에 다녀야 해서 그만두는 것 같았는데 지금 생각해도 너무 아쉽다. 다행히 남은 친구들끼리는 서로 이런저런 말도 많이 해 주고 학교 생활도 물어 보면서 누구보다 친하게 지내고 있다. 그리고 오케스트라를 담당하는 선생님이 축제 기획단을 맡고 있었는데, 나에게 지역 축제를 기획하고 진행까지 할 수 있게 기회를 주셨다. 내가 지금 하고 싶은 일을 찾는 데 좋은 기회가 된 활동이다.

달라진 것, 아니 어려움은 또 있었다. 바로 '친구 관계'였다. 초등학교에서는 생각지도 못한 '경쟁'도 있었고, 다른 많은 이유가 있었지만 학기 초에는 이리저리 많이 치이기도 하고, 그래서 사람들 시선에도 신경을 쓰고 더 주눅도 들게 된 것 같다. 나는 1학년 때부터 낯가림을 시작했다. 이 낯가림은 지금 나의 단점 중 하나가 되어 버렸다. 그전까지 나는 친구 관계에서 얕지만 넓게 파는 쪽이었는데 점점 학년이 올라갈수록 깊고 좁게 사귀게 되었다.

2학년으로 올라가면서 많이 힘들어서 스트레스도 받았지만 반면에 내 이야기를 들어 주고 이해해 주는 친구들도 생겼다. 또 반아이들과의 관계가 힘들다고 하면 따로 불러서 이야기를 들어 주는 선생님도 계셨고, 내가 한 과목에 유난히 힘들어하는 것을 알고 정말 최선을 다해서 나를 도와주고 챙겨 주신 선생님도 계셨다. 그리고 재미있는 선생님도 많아서 수업 시간에 스트레스를 받는 일은 없었다. 스트레스를 받지 않아서 수업 시간에 집중할 수 있었고, 자랑 같겠지만 그 덕분에 시험 기간에 공부를 안 해도 성적이 떨어지거나 하지는 않았다. 그리고 점차 학기 말이 가까워지면서 반 친구들과도 스스럼 없는 사이가 되며 학급에서의 생활이 조금씩 나아졌다. 시간이 지나 괜찮아진 것도 있지만 특히 한 친구가 그런 어려움을 극복하는 데 많은 도움을 주었다. 그 친구랑은 고등학교에 가서까지 정말 친하게 지낼 것 같다. 3학년 때는 정말 반 배치가 잘돼서 좋은 친구들만 있었으면 좋겠다는 게 지금의 내 작은 바람이다.

2학년 때는 선생님과 진로에 대해 상담도 하고, 조금 더 현실적인 생각을 하면서 내가 할 만한 활동을 찾으려고 노력했다. 그래서 친구들과도 점점 깊이 있는 이야기들을 주고 받았던 것 같다.

중학생이 되면서, 성격은 예전 그대로였지만 변한 게 있다면 더 '나를 생각하는 시간'이 많아진 것이다. 여전히 뛰놀기를 좋아하고 누구보다 낙천적이지만 '하루 만에 안 없어지는 고민'도 생기고 여러 활동을 하며 내 미래를 생각해 보는, 조금은 성장한 중학생이 된 것 같다. 이러한 나의 성장과 변화의 시작에는 '협동조합'이 있었다. 지금은 너무나 중요한 관심사가 되었지만 사실 처음부터 그랬던 것은 아니었다.

♡ 등 떠밀려 시작한 협동조합

내가 협동조합을 알게 되고 활동을 시작한 것은 나의 순수한 의지가 아니었다. 거의 '반강제적'이었다고나 할까. 엄마가 우리 영림중 사회적 협동조합의 사무국장이었기 때문에 자연스럽게 협동조합을 접했고, 또 참여할 수밖에 없었다. 협동조합 활동을 하는 다른 친구들이나 학생들이 이야기하듯 자발적으로 시작한 것이 아니었다는 말이다. 하지만 지금 분명하게 말할 수 있는 것은, 내가 그동안 협동조합에서 한 모든 일은 내가 '좋아서' 한 일이라는 것이다. 내 성격상 정말 싫었다면 단호하게 하지 않았을 것이기 때문이다. 시작은 내 의지가 아니었다고 하더라도 나는 협동조합 일을 하면서 그 안에서 '하고 싶다'는 의지를 찾았다. 그렇기에 어느 시점부터는 나 스스로 누구보다 적극적으로 참여하기 시작했다. 국어 설문조사 관련 수행평가를 할 때에도 매점에 관한 설문조사를 하자고 먼저 의견을 낸 것도 나였고, 당시 2학년을 대상으로 다른 조보다 훨씬 큰 규모의 설문조사를 했을 정도였으니까. 이렇게 시작된 나와 협동조합과의 인연은 내게 소중히 추억될 많은 기억을 남기게 되었다.

♡ 알고 싶고 하고 싶은 것도 많은 협동조합

　창의적 체험활동 동아리로 사회적 경제('경제 딱 좋다!')를 만들어 학교 동아리 시간에 협동조합이란 무엇인지에 대해 공부하고 사회적 협동조합 동네 기업 탐방, 독산고등학교 매점 방문, 한살림의 GMO(유전자 변형 식품)와 힙성 첨가물 교육, 성공회대학교 방문 등 여러 활동을 했다. 그중에 독산고 매점 방문과 사회적 협동조합 동네 기업 탐방이 아직까지 기억에 남는다.

　독산고 매점을 방문한 날 독산고 협동조합 학생이사들을 만나 어떠한 방식으로 매점이 운영되고, 조합원들끼리 어떤 활동을 했는지 들었다. 그리고 청년 활동가 선생님(올해 활동하며 굉장히

[그림1] 사회적 경제 동아리 '경제 딱 좋다!'에서 한살림 활동가의 도움으로 합성 첨가물 실험을 하고 있다.

많이 만난 선생님이다)께 협동조합 활동과 관련하여 많은 이야기를 들을 수 있었다. 아무래도 우리는 어리기도 하고, 협동조합 활동을 시작한 지 얼마 안 되어 학생들의 참여도가 떨어지는 면도 있었기 때문에 선생님의 이야기를 들으면서 부럽다는 생각이 많이 들었다.

사회적 기업 동네 탐방에서는 구로구 지역의 '배고픈 사자', '뚝딱이 목공소' 등 여러 곳을 방문했는데, 따뜻하게 맞아 주고 친절하게 설명해 주셔서 너무 감사했다. 그리고 한살림에서 GMO와 합성 첨가물에 대한 교육을 받았다. 합성 첨가물이 무엇인지, 어떻게 시중에 판매되는 식품들에 합성 첨가물이 들어가는지에 대해 공부하고 실습도 했다. 실습을 하면서 나는 정말 충격을 받았다. 사람이 먹는 음식에 출처를 알 수 없는 안 좋은 물질을 넣는 것도 놀랐고, 그런 심각성을 많은 사람이 잘 알지 못하고 있다는 것이 더 큰 문제라는 것도 알게 되었다.

♡ 매점에 카페테리아를 만들다

나는 매점에 카페테리아를 만드는 운영단에 참여해 매점 홍보판을 만들고 새로 바뀌는 매점을 홍보하고 조합원 모집도 홍보했다. 운영단으로서는 첫 번째 활동이었는데, 만들면서 정말 즐거웠다. 조합원 친구들과 얘기도 많이 하고 같이 매점에 대해 조금 더 구체적으로 알아 가면서 서로 가지고 있는 협동조합의 모습을 이야기도 했다.

재미있는 것은 홍보판을 만들면서 오히려 조합원들이 더 많아졌다는 것이다. 조합원 친구를 따라 매점에 놀러왔다가 재미있어 보여서 신청한 친구들이었다. 우리 조합원들은 회의도 많이 했다. 매점에 어떤 제품이 새로 들어왔으면 좋은지, 내년에 어떤 프로그램을 기획해 진행했으면 좋겠는지, 카페테리아에 어떤 시설이 들어오면 좋을 것 같은지도 회의를 통해 결정했다. 카페테리아의 이름을 짓기 위한 공모전도 회의를 거쳐서 진행되었다. 카페테리아의 오픈 행사를 준비하고 조합원의 날도 진행했는데, 오픈식 사전 준비는 운영단 아이들이 모여서 함께했다. 풍선 아트 선생님을 모시고 다 같이 풍선도 불고 붙이고 열심히 만들어 예쁜 행사 장소를 만들었다. 함께 무언가를 한다는 것이 정말 즐거웠다.

세상은 넓고 사람도 많았다

2016년 2월에는 사회적 경제 현장 탐방 교육을 받기 위해 전남 구례에 있는 아이쿱 협동조합지원센터에 가서 내부를 둘러보고, 협동조합에 관해 공부하며 여러 가지 체험도 했다. 강의실에서 '렛츠쿱'이라는 게임도 했다. 협동조합지원센터여서 그런지 시설들이 엄청 넓고 좋았다. 영화관도 있고 숙소도 있고 따로 식당까지 있었다. 아이쿱에서 쿠키를 만들 수 있게 해 주었는데 쿠키를 만드는 것은 이번이 처음이라 신났다.

7월에는 1박 2일로 협동조합 맞춤형 아카데미에 참여했다. 조합원으로 참여하는 첫 행사였는데 나를 포함해 3명밖에 가지 않았다. 조합원을 모집하기 전이어서 아직 인원이 없어 3명만 갔던 것으로 기억한다. 대부분 고등학생 조합원들이고 중학생 조합원은 우리밖에 없어 약간 서먹서먹했다. 하지만 고등학교 언니 오빠들이 정말 잘 챙겨 주어서 재미있게 보낼 수 있었다. 우리가 무엇을 해야 할지 당황해하자 자신들이 다니는 학교의 예까지 들어주며 친절하게 설명을 해 줬다. 지금까지의 활동뿐 아니라 앞으로의 계획에 대해서도 알려 주었다. 그리고 협동조합 일을 하는 분의 강연도 들었고, 선생님들별로 한 시간씩 색다른 활동도 했다. 1박 2일 지내는 동안 그곳 선생님들과도 친해졌는데, 요즘은 다른 협동조합 행사에 가서 뵙기도 한다. 그곳에서 고등학교 선배들의 이야기를 들으면서 '확실히 고등학교는 고등학교구나.'라는 생각도 많이 했다. 활동을 마치면서 각자의 학교협동조합 계획을 전지에 써서 발표했는데, 우리가 발표한 것 중에 몇 개도 이뤄진 것 같다. 아카데미에 참가한 후 협동조합에 관해 더 많이 알고 싶어졌다. 학기 초가 되면 조합원들과 올해 계획을 써 보는 것도 좋을 것 같다.

8월에 우리는 '사회적 경제 동아리 워크숍'에 참가했다. 선배들과 함께 각자 학교를 소개하고 그동안의 활동을 이야기하며 여러

[그림2] 사회적 경제 동아리 아카데미에서 했던 글자 맞추기

활동도 했다. 아카데미 때 만났던 선생님들도 많아서 정말 반가
웠다. 팀당 글자 하나씩 맡아서 자신들만의 방식으로 글자를 만
드는 활동을 했는데, 우리 조는 '우리' 할 때의 '리'를 맡았다. 포스
트잇을 이용해 우리가 표현하고 싶은 것을 마음껏 나타냈다. 그
때가 한창 리우데자네이루 올림픽이 열리던 때라 리우의 '리' 자
라고 얘기하자 사람들이 재미있다며 많이 웃었다.

구로구의 지역 축제인 '구로구로와'에서는 부스 활동도 했다.
우리는 영림중 사회적 협동조합을 알리고 친환경 매점을 소개했
다. 아이들과 게임도 하고 어른들께는 협동조합의 정의와 필요성
에 대해 이야기해 드렸다. 사실 이런 홍보 활동은 처음이어서 많

이 긴장한 것도 있지만 내가 학교협동조합에 대해 정확하게 알고 있지 못한다는 것도 새삼 깨닫게 되었다. 그 덕분에 다음에 또 이런 기회가 온다면 조금 더 적극적으로 홍보 활동을 하고, 협동조합에 대해 완벽히 공부해서 사람들에게 더 정확하게 많은 정보를 알려 주겠다고 다짐하는 계기가 되었다.

협동조합과 관련해 다양한 행사에 참여하면서 느낀 점은, 만나는 사람들끼리 공통점이 있어서인지는 몰라도 무척 빨리 가까워진다는 것이다.

12월에 '학교협동조합 조합원 한마당'에 갔을 때 일이다. 중·고등학교 조합원들도 정말 많이 참여했으며, 대학생협(대학생활협동조합)도 있었다. 그렇게 큰 규모일지는 상상도 못하고 갔던 터라 놀라웠다. 전체 9개 팀으로 나뉘어 먼저 같이 점심을 먹고 점심 미션을 했는데, 밥 먹을 때까지만 해도 엄청 서먹했으나 팀이 점심 미션을 하면서 금세 친해졌다. 그러고 나서 계기, 활동, 계획, 자유 주제로 토의를 했다. 선배들로부터 기억에 남는 활동이 무엇인지, 앞으로의 계획이 무엇인지에 대해 들을 수 있었다. 개인적인 이야기도 많이 섞여 있긴 했지만 그래도 각자 자신이 경험해 온 협동조합을 말하는 자리여서 굉장히 좋았다. 이런 행사가 정말 자주 이뤄졌으면 하는 생각이 들었다. 마지막 헤어지기 전에는 '고무줄 종이컵 탑 쌓기 게임'을 했다. 조합원 활동을 하면서 이런 게임은 처음 해 봤는데, 같은 조의 삼각산고등학교 언니가 게임을 알아서 주도했다. 협동이 요구되는 게임이라

언니가 하라는 대로 눈을 감고 했는데, 눈을 떠 보니 어느새 종이 컵 탑이 쌓여 있었다. 신기하기도 했고 재미있어서 나중에 우리 조합원들과도 하자고 마음먹었다. 그리고 헤어질 때는 다들 너무 정이 들어서 서로 전화번호를 교환하고 '단톡(단체 카카오톡)'으로 연락도 하고 지내고 있다. 더욱 많은 행사에 참여해 많은 사람과 소통하고 정보를 교환하며 우리 학교 협동조합을 만들어 나가고 싶어졌다.

♡ 나의 미래를 고민하기 시작하다

생각해 보면 내 주변에는 항상 나에게 여러 가지 기회를 접할 수 있게 도와주는 사람이 많았다. 엄마와 재단 선생님, 학교 선생님들은 내가 진로를 정하고 진학에 대해 생각할 수 있게 도움을 주셨다. 특히 재단 선생님은 내가 초등학교 때 경찰의 꿈을 포기하고 아무 생각 없이 살 때 지역 축제 기획단에 들어갈 수 있게 권유해 주고 도와주셨다.

기획단의 영상팀에 들어가 처음으로 캠코더를 만졌는데, 그때 어느 구도에서 찍어야 영상이 예쁘게 나오는지, 아주 잠깐이지만 영화를 어떤 방법으로 찍는지도 교육받았다. 처음 영상을 찍는 거라 설치부터 구도 잡기까지 다 도움을 받으며 배우기 시작했다.

기획단에서 내가 할 일은 지역 축제에 나오는 공연 팀들을 캠코더로 찍고 편집을 하는 일이었지만, 편집할 당시 시험 기간이라 바빠서 참여하지 못했다. 그래서 편집에 대한 아쉬움이 있고 흥미도 생겨 본격적으로 영상에 관심을 가지고 알아보게 되었다. 기획단 활동 전에 사회적 경제 동아리 시간에 영상고등학교에 계셨던 선생님이 강의를 하러 오신 적이 있어 잠깐 얘기를 한 적이 있었다. 그때 영상고에 대해 처음 알게 되어 홈페이지까지 찾아 들어갔다가 '윈터스쿨'의 존재를 처음 알았다. 겨울방학 때 중학생들을 대상으로 하는 특별 교육이었다. 윈터스쿨에 참여하려고 알아보던 중 우리 학교에 영상고 특별 교육 홍보지가 와서 급하게 원서를 써 넣었다. 그리고 운 좋게 합격해 1월 첫 번째 주에 교육을 받게 되었다.

나는 단편영화 2반에 들어갔는데 선생님이 굉장히 웃기셨다. 첫날은 어색하기도 하고 정말 뭐가 뭔지 몰라 어리둥절한 상태였다. 그래서 선생님도 첫날에는 이론 수업을 하신 것이 아닌가 싶다. 선생님께서는 쉽고 재미있게 이론 수업을 한 후 조를 짜게 하고는 조당 한 편의 단편영화를 만들게 했다. 연출, 촬영, 편집, 조연출, 배우 이렇게 다섯 개의 역할로 나뉘어 둘째 날부터 영화 만들기를 진행했다. 멘토 언니도 같이 있었다.

우리는 완전히 코미디 쪽으로 가기로 했다. 나도 대찬성이었다. 나는 편집도 하고 싶었지만, 일단 지켜보면서 눈으로 배워야 했다. 둘째 날과 셋째 날 한 시간은 촬영만 했다. 여러 구도에서 찍기도 해 재미있었던 것도 있지만 무엇보다 내가 카메라를 들고 있을 때 정말 행복했다.

'더하고 싶었고 계속하고 싶었다.'

그리고 셋째 날 남은 시간 동안 편집을 했는데, 나는 편집을 담당하는 친구 옆에 계속 있으면서 같이 배웠다. 친구가 영상에 필요한 것을 가지러 갈 때는 내가 대신하기도 했는데, 나중에 기회가 되면 편집도 혼자서 해 보고 싶었다. 그렇게 한 편의 영화를 만들고 나니, 그 어떤 것도 협동 없이 만들어지는 것은 없다는 것이 느껴졌다. 사람이 살아가려면 협동은 너무나 당연한 것이고, 필요한 것이라고 생각한다.

마지막 날, 우리는 다른 조들이 만든 단편영화까지 다 같이 봤는데 모두들 너무 신선하고 재미있었다. 그리고 다른 과 학생들까지 모두 모여 마지막 상영회를 했는데 우리 과에서는 우리 조 영상이 상영되었다. 우리가 딱히 의도하고 포인트를 잡아서 쓴 것은 하나도 없지만 보는 내내 학생들이 재미있게 웃어 줘서 뿌듯했다.

이렇게 교육까지 받고 나니 이젠 정말 어떤 고등학교를 가야 할지 결정해야 한다는 생각이 물밀 듯이 밀려왔다. 특성화 고등학교로 간다면 내가 갈 수 있는 길이 한정된다는 단점도 있긴 하지만 더 빨리 전문적인 교육을 받을 수 있다는 장점이 있어서 고민이 되었다. 이번 교육을 받으면서 선배 언니가 학교의 장단점을 말해 줬는데, 내가 원하는 길과는 살짝 다른 점도 있어 고민이 되긴 하지만 아마 영상고가 아니어도 영상 관련 특성화 고등학교로 진학하지 않을까 싶다. 사실 내 친구들에게 물어 보면 거의 다 인문계 쪽이라 걱정이 안 되는 건 아니다. 하지만 이 일은 진짜 내가 하고 싶은 일이기도 하고 선택해도 후회는 하지 않을 것 같다. 더 많은 활동을 찾고 경험해 보면 확신이 생기리라 생각한다.

'함께'하면 좋은 이유

내가 협동조합 활동을 하면서 가장 뿌듯했던 점은 '좋은 사람'과 알게 된 것이다. 다른 학교 좋은 언니들도 알게 되고 우리 학교에서 그동안 몰랐던 좋은 친구들과 친해질 수 있는 계기가 되어서 기쁘다. 내가 사회적 경제 동아리에 안 들어가고 영화 동아리 활동만 했다면 올해 나온 영화는 많이 봤겠지만 지금 내가 친하게 지내고 있는 사람들과는 인연이 닿지 않았을 것이다. 그렇기에 사회적 경제 동아리를 하면서 후회는 없었다. 다른 친구들에게도 권하고 싶지만, 아직은 친구들이 협동의 중요성을 잘 몰라 안 하고 싶어 할 수도 있다고 생각한다. 그렇기에 정말 홍보만큼은 열심히 해 볼 생각이다. 내가 그동안 경험한 소중한 것들을 함께 나누고 싶기 때문이다.

중학교에 들어와 협동조합을 접하기 전까지는 협동이 얼마나 중요한 가치인지 생각을 못했다. '그냥 필요할 때만 협동하면 되는 거 아니야?'라는 이기적인 생각도 했었다. "나만 성공하면 돼."라는 말이 그렇게 좋은 의미가 아니라는 걸 알면서도 누구나 쉽게 말하듯이, 나 역시도 당연한 듯 '협동'은 내 관심 밖이었다. 우리가 사는 세상은 말로는 쉽게 협동을 요구하지만 실상은 학생 개개인에게 끊임없이 경쟁을 요구하지 않는가. 그래서 내게 그런 말들은 우스갯소리로밖에 들리지 않았다.

하지만 협동조합을 알게 되면서 나는 협동의 소중함과, 그것이 세상을 살아가는 데 얼마나 중요한 가치인지를 깨닫게 되었다. 그러고부터는 나는 어떠한 활동을 하더라도 협동이라는 가치를 중점으로 활동하게 됐다. 등수를 상관하지 않고, 얼마나 협동이 잘됐나를 먼저 생각하게 되었다. 협동조합은 이미 내 학교생활의 많은 곳에 함께하고 있다. 나는 고등학교에 가서도 협동조합을 하게 될 것이다. 만약 그 학교에 협동조합이 없다면 만들고, 있다면 누구보다 열심히 참여해 이끌어 나가는. 고등학생 때도 중학생 때처럼 협동조합이 내 생활에서 큰 부분을 차지하고 있었으면 한다. 그리고 우리 학교에서 경험한 것보다 훨씬 많은 경험을 하고, 나중에 어른이 되었을 때도 협동조합을 계속하고 싶고 더 알리고 싶다.

♡ 새로운 목표

올해 영림중 사회적 협동조합은 다른 학교와 더 많이 교류하는 것을 목표로 하고 있다. 나는 조합원들과 협동조합에 대해 더 공부하고, 조합원이 아닌 친구들에게는 재미있게 협동조합을 알리고 싶다. 다른 학년 수업도 맡아서 해 보는 것처럼 우리가 주도적으로 할 수 있는 활동들이 많아졌으면 한다. 그리고 개인적인 목표가 하나 더 있는데, 영림중 협동조합을 알릴 수 있는 홍보 영상을 만드는 것이다. 이 목표는 이번 연도 안에 꼭 해 보고 싶은 일 중 하나다. 내가 할 수 있는 모든 부분에서 우리 학교 협동조합이 더 발전하고 가치 있게 만들고 싶다.

나에게 올해의 협동조합은 내년에 뒤돌아 봐도 후회하지 않는, 누구보다 열심히 활동하고 이끌어 나간 협동조합의 해이길 바란다. 다른 사람들에게 자신 있게 우리 협동조합을 알릴 수 있고, 홍보할 수 있게 되고, 학생이사를 도와 학교협동조합이 우리 학교의 자랑거리가 되는 것이 목표다. 그리고 내가 내년에 이 학교를 떠나더라도 후배들이 더 잘할 수 있도록 좋은 환경도 만들어 주고 싶다.

♡ 협동조합에 필요한 몇 가지 덕목

내가 생각하는 진정한 협동조합이란 이렇다. 일단 정말로 모두가 협동조합을 좋아하고 긍정적인 마음을 가져야 한다. 좋아하지 않으면 적극적으로 활동할 수 없기 때문이다. '협동'은 말 그대로 '서로 마음과 힘을 합'할 때 의미가 생기는 것이라 생각한다. 누구는 하고 누구는 빠져서는 안 되는 것이다. 하지만 이 모든 것은 반드시 자발적이어야 한다.

그리고 새로운 것을 받아들이는 데 두려움이 있어서도 안 된다. 협동조합뿐 아니라 그 어떤 활동이든 새로운 사람을 만나는 것의 연속일 텐데 새로운 시도, 도전을 하는데 겁부터 낸다면 협동조합이 제대로 운영되지 않을 것이라고 생각한다.

그리고 정직해야 한다. 많은 사람의 뜻을 모은 조합을 운영하는 것이니 그 어떤 것보다도 투명해야 하고, 타인에게 피해가 가서도 안 된다.

그리고 모두에게 평등해야 한다. 서로 협동을 해야 하는데 누구는 되고 누구는 안 된다는 것 자체가 이상한 것 같다.

소통도 중요하다고 생각한다. 서로 오해가 있어서는 안 되기 때문이다.

긍정적인 자세와 자발성, 새로운 것에 대한 도전과 용기, 정직, 평등, 소통 등, 어찌 보면 중요한 것이 너무 많다고 생각될 것이다. 하지만 이것들은 모두 하나같이 다 '중요'하다고 믿고 있다.

그동안 협동조합 활동을 하면서 사람들을 만나고 많은 일을 경험한 끝에 얻은 결론이다.

♡ 다른 사람의 말에 귀 기울이는 사람

나는 지금처럼 매일매일 행복하게 살아가는 사람이고 싶다. 지금처럼 사소한 것에는 스트레스를 받지 않고, 하고 싶은 일은 바로 할 수 있는. 기회가 되면 영상 쪽 관련 일을 해서 꼭 협동조합에 관련된 영상도 만들어 보고 싶고, 그렇게 협동조합이 내가 살아가는 데 큰 부분을 차지하면 좋겠다.

나는 영상으로 세상을 변화시키는 사람이고 싶다. 세상을 변화시키는 데 여러 길이 있듯이, 나는 나만의 길로 세상을 바꾸고 싶다.

다른 사람의 말에 귀를 잘 기울이는 사람이면 좋겠다. 다른 사람의 말을 잘 들어 주는 것이 얼마나 중요하고 소중한 일인지 알기에 서로 소통하며 살아가고 싶다.

내가 원하는 것처럼 다 되지는 않겠지만 정말 열심히 노력하는 사람이면 좋겠다. 원하기만 해서는 어떤 일도 이루어지지 않는다는 것을 알기에, 끝까지 노력하는 사람이고 싶다.

그리고 협동이라는 것을 누구보다 잘 설명할 수 있었으면 좋겠다. 지금 내가 이렇게 활동한 것이 헛된 일이 아니었길 바라면서 생각한다. 협동이라는 것을 몸소 체험하고 배우고 있는데 나중에 가서 협동을 다 잊어버리면 나 자신에게도 실망할 것 같다. 나중에 대학에 가더라도 거기엔 대학생협이 있을 테니까 내가 참여할 수 있는 길은 무척 많을 것이다. 사회에 나가서 내가 얼마나 협동조합 활동을 지속하며 사회에 기여할지는 모르겠지만 끝까지 노력은 하지 않을까 싶다. 앞으로도 내 삶에서 협동조합은 분명히 큰 도움이 될 것이라고 믿고 있다.

우리들의 학교협동조합 이야기

'협동' 안에서
'된 사람'을 배우다

사승엽(국사봉중학교 졸업생)

우리 국사봉중학교의 교훈은 '된 사람이 되자'이다. '된 사람'이라고? 어디선가 들어 본 적이 있는 말이긴 하지만, 살면서 이것에 대해 깊이 생각해 본 적은 사실 없었다. 나는 그저 된 사람이란 '좋은 사람'을 말하는 것쯤으로 생각하고 있었는데 찾아보니 난사람, 든 사람, 된 사람 모두 사람의 됨됨이를 말하는 것이라고 한다. '된'은 사람다움, '난'은 탁월함, '든'은 유식함을 의미한다고 한다.

그러니까 난사람이란 대기업 회장이나 사회적으로 지위가 높은 성공한 사람을 의미하는 것 같다. 든 사람은 학문이나 지식이 높은 학자 같은 사람을 말하는 것이겠고, 그럼 된 사람은 무엇일까? 된 사람의 '된'은 무엇이 다 되었다는 말처럼 보였는데, 이는 사람의 됨됨이가 훌륭하고 도덕적으로 좋은 사람을 의미한다고 한다.

'난사람', '든 사람', '된 사람'

나는 요즘 협동조합 활동을 하면서 나에 대해 고민을 하곤 한다. '나는 과연 어떤 사람일까? 아니 어떤 사람이 되어야 할까?' 물론 진로에 대해 생각하면서 시작된 고민이기는 하지만 국사봉중에 다니면서 앞으로 다니게 될 고등학교, 대학, 직장에 대해 조금 더 많이 생각하게 된 것 같다. 나는 중학교에 올라와서 예전과는 다른 환경 속에서 조금은 성장하게 되었다고 생각한다.

멋진 '마술사'가 되고 싶은 아이

어렸을 때 사람들이 장래 희망이 뭐냐고 물어 보면 나는 항상 '마술사'가 되고 싶다고 대답했다. 사람들 앞에서 멋지게 공연하는 마술사가 신기하고 재미있어 보였기 때문이다. 그래서인지 중학교에 입학하기 전까지 진로에 대한 별다른 고민은 없었다.

초등학교를 졸업하고 자연스럽게 집에서 가까운 국사봉중에 배정되었다. 처음 중학교를 배정받았을 때는 설렘보다 걱정이 앞섰다. 경험해 본 적은 없어도 초등학교와 무언가 많이 다를 거라는 생각에 중학교 생활 자체가 나에겐 두려움으로 다가왔기 때문이다. 하지만 중학교에서 새로운 친구들도 만나고 난생처음 입어 보는 교복도 멋있게 느껴졌다. 그리고 다행히 어렸을 때부터 잡힌 독서 습관 덕분인지 중학교 수업은 열심히 듣는 것만으로도 진도를 따라갈 수 있었고, 또 이해하기도 쉬웠다.

처음 수업을 접했을 땐 초등학교와 많이 달라서 적응하기가 힘들었다. 초등학교 때는 담임 선생님께서 전 과목을 가르쳐 주셨지만, 중학교 수업은 교과별로 선생님들이 따로 있어서 그런지 수업 방식 자체가 낯설게 느껴졌다. 하지만 그것도 시간이 지나면서 자연스럽게 적응할 수 있었다.

나는 국사봉중에 들어와서 '혁신학교'라는 것을 처음 알게 되었다. 그런데 주변 학교들 중 유일하게 혁신학교인 국사봉중에 입학한 것이 내게는 다행인 것 같았다. 다른 학교들의 수업 분위기

나 학교 분위기는 엄격한 편이라는 얘기를 들었는데, 우리 학교
는 그에 비해 훨씬 자율적인 분위기였기 때문이다. 자유로운 분
위기 속에서 공부를 하게 돼서 그런지 나의 중학교 생활은 행복
했다.

　국사봉중에 입학하고 얼마 지나지 않아 진로에 대한 생각이 많
이 바뀌었다. 사실 그전까지는 딱히 진로에 대해 구체적으로 생
각을 해 본 적이 없었다는 게 맞는 말일 것이다. 그런데 중학교에
들어와서 여러 가지 진로 체험활동들을 하고 나름 다양한 경험들
을 쌓으면서 생각이 달라졌다. 게다가 실제로 다양한 직업을 갖
고 있는 분들이 직접 학교에 찾아와 그동안 내가 생각지도 못했
던 이야기들을 들려 주며 진로에 대해 깊이 생각해 보게 했던 것
이다.

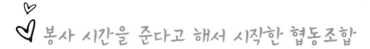

봉사 시간을 준다고 해서 시작한 협동조합

　내가 협동조합 활동을 하게 된 계기는 의외로 단순했다. 단순
하다 못해, 그저 해 두면 필요할 것이라는 아주 가벼운 생각에
서 하기 시작했다. 사실 협동조합에 대해서 알게 된 것도 3학년
이 되어서였다. 내가 협동조합을 해 보겠다고 마음먹게 된 결정
적 계기는 사회적 협동조합 동아리에 가입하면 학교 봉사 시간으
로 인정해 준다는 것 때문이었다. 뭔지는 잘 몰라도 봉사 시간으

로 인정해 준다는 말에 솔깃하기도 했고, 새로 생긴 매점을 운영해 보는 것도 재미있을 것 같아서 가입한 것이다.

뒤늦게 알게 된 내용이지만 '국사봉 사회적 협동조합'은 2015년 9월 18일에 창립되었다. 학생과 학부모, 교원, 지역 주민이 조합원으로 참여하여 협동의 가치를 바탕으로 소통과 나눔의 교육을 통해 학교와 지역사회를 연결하는 협동조합 형태의 '교육경제 공동체'라는 것이다. 우리 학교에는 현재 학생 40명, 학부모 38명, 교원 7명, 지역 주민 2명 등 모두 87명의 조합원들이 있다(2016년 7월 19일 기준). 협동조합은 매점 '그냥가게'와 북카페 '라온', 그리고 학생회인 '사회적 협동조합 동아리'로 이루어져 있다.

교내 활동들 중에 가장 대표적인 것은 매점 그냥가게와 북카페 라온의 운영이다. 그냥가게와 라온은 협동조합원 학생들과 학부모가 같이 운영하는데, 학생들은 친구들이 가장 많이 오는 점심시간에 매점의 질서유지와 교내 쓰레기 청소를 담당하고, 학부모님들은 계산과 물품 관리를 담당한다. 2016년에 시작된 그냥가게와 라온은 우리 학교만의 자랑거리다.

 즐겁고 행복하고 건강한 우리만의 매점을 위해

처음 만들어질 당시의 그냥가게와 북카페 라온은 아직 꾸려 나가기 부족한 부분들이 많았다. 처음에는 그냥가게와 라온을 알릴 만한 로고도 없었다. 그래서 지난여름 조합원들이 모여 로고 공모전을 열고 예쁜 로고도 만들게 되었다. 로고를 만들고 나서 본격적으로 우리는 그냥가게와 라온을 '알리기' 시작했다.

'건강에 좋은데 그냥가게?'
'GMO 식품 말고 친환경 식품을 사랑하자.'
'몸에 좋고 맛도 좋은, 물론 환경에도 좋은 친환경 제품을 먹자!'
'내 건강, 내가 지켜야지요.'
'GMO OUT! 건강에 나빠요.'

우리는 직접 이런 재미있고 알기 쉬운 문구들을 만들어 그냥가게에서 파는 제품들과 '친환경 식품'에 대한 홍보도 하기 시작했다. 예전부터 우리 국사봉중은 '생태'를 중요시하며 친환경과 관련된 활동을 많이 했다. 그래서인지 협동조합에서 하는 활동들도 생태와 관련이 깊은 것 같다.

그냥가게는 다른 학교들의 매점과 달리 '생태 매점'이라고 할 수 있다. 왜냐하면 그냥가게에서 판매하는 간식들이 대부분 친환경 식품이기 때문이다. 일반 시중에서 유통되는 빵, 과자가 아니라 '우리 밀 초코 웨하스', '자연드림 짱군', '얼음 속에 카카오한 쪽' 등 과자나 빵 거의 대부분은 자연드림, 한살림, 두레생협과 같은 유기농 상품 유통 업체들의 친환경 브랜드 식품 위주로 판매되고 있다. 인스턴트나 시중에서 파는 제품들과 달리 몸에 해가

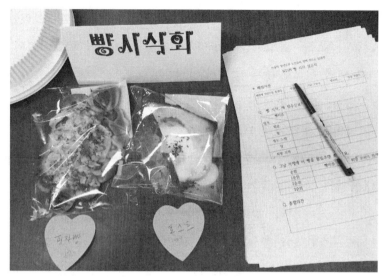

[그림1] 판매 식품을 선정하기 위한 'Wish 빵 시식회'에 나온 심사 대상인 빵과 채점표

[그림2] 'Wish 빵 시식회'에서 조합원들이 시식한 식품에 점수를 매기고 있다.

되지 않는, 학생들의 건강을 생각하는 '착한' 제품들이다. 이러한 제품들은 모두 조합원들이 그냥가게에서 '자연드림 과자 시식회', 'WISH 빵 시식회'를 통해 직접 선정한다.

북카페 라온 역시 학생들의 쉼터 역할을 톡톡히 하고 있다. 한쪽 벽면을 가득 채운 책들을 마음껏 읽을 수도 있고, 친구들과 모여 매점 과자를 먹으며 편히 쉴 수도 있다. 또 '사회적 협동 게임 대회' 같은 다양한 이벤트를 통해 학생 복지를 위한 '학생들만의 공간'이 되어 준다. 친환경 매점이 생겨서 좋은 것은 당연하지만 나름 사소한 어려움들도 있었는데, 예를 들어 점심시간에 너무 많은 학생이 몰리다 보니 질서를 유지하기가 쉽지 않았고, 쓰레기도 제대로 버리지 않아 매점 주변이 더러워지는 일이 많았다. 또 우리 학교는 매점을 점심시간 이후부터 여는데, 이 때문에 "아침부터 열었으면 좋겠다."는 학생들의 의견도 많았다. 이런 부분들이 매점 운영을 하면서 조금은 아쉬웠던 점이기도 했다.

또 매점이나 북카페 말고도 협동조합원들이 함께 학교의 벽화를 직접 스케치하고 꾸미는 벽화 봉사 활동도 하고, 직접 만든 비누를 판매해 작지만 환경을 보호하는 활동도 하고 있다.

우리 학교에선 매년 여름에 생태 축제를 한다. 축제에선 부스 활동을 주로 하는데, 협동조합에서도 부스를 만들어 참여한다. 그냥가게에서 '협동조합 체험의 장'을 마련해 학생들이 협동조합에 대해 자세히 알고, 매점 운영 체험도 할 수 있도록 도와주기도 했다.

[그림3] 국사봉중 사회적 협동조합 주최로 진행된 '사랑의 김장 나누기'

여기서 자랑을 하나 하자면, 그냥가게에서 나온 판매 수익은 모두 학생 복지와 사회적 공익을 위해 사용한다는 것이다. 판매 수익으로 학생들에게 장학금을 지급하기도 하고 우리 학교만의 쿠폰인 '라온 쿠폰'을 발행해 그냥가게에서 사용할 수 있게도 했다.

그리고 '사랑의 김장 나누기' 같은 행사를 열고 조합원이 모두 모여 직접 김장을 담그고 지역사회의 독거노인분들에게 전달해 드린 일도 있었다. 협동조합이란 단순히 학생들만을 위한 것은 아닌 것 같다. 시작은 학교라 할지라도 사람들이 모이고 더 '좋은' 일을 하면서 더 많은 사람이 행복해지고 있다는 생각이 든다.

♥ 함께하니 할 수 있는 것도 많아졌다

국사봉중 사회적 협동조합은 교내뿐 아니라 교외에서도 많은 활동을 하고 있다. 우리 학교가 있는 동네에서는 지역 축제인 '맑은 반달축제'가 열리는데, 협동조합이 축제에 참여해 지역사회와 어우러지며 봉사도 했다. 축제는 지역사회 봉사자분들과 성대골 사람들, 그리고 우리 국사봉중 협동조합원 모두가 함께 마을을 돌며 길거리의 쓰레기를 줍는 것으로 시작된다. 다 같이 쓰레기를 줍고 마을이 깨끗해지는 모습을 보면서 굉장히 뿌듯한 마음이 든다. 우리 국사봉중 협동조합원들은 축제 중간에 도우미 역할을 하고, 축제가 끝난 후에는 마무리 뒷정리를 하는데, 활동 하나하나가 행복하고 보람찼다.

무엇보다 올해 처음 활성화된 협동조합에서 다양한 활동을 할 수 있게 된 것은, 다른 협동조합 학교들의 '찾아가는 학교협동조합 설명회'를 통한 도움이 있었기 때문이다. 우리 학교보다 먼저 사회적 협동조합이 만들어진 독산고등학교 사회적 협동조합, 삼각산고등학교 사회적 협동조합에서 조합원들이 찾아와 다른 학교들의 협동조합은 어떤 방식으로 운영되고 있는지, 어떤 활동들을 하는지 설명해 주었다.

나중에 우리는 '삼각산고'에 직접 탐방을 갔고, 삼각산고 사회적 협동조합원들과 이사장님에게 삼각산고의 사회적 협동조합 활동과 동아리 활동에 대해 궁금한 점을 자세히 물어 보며 더욱

[그림4] 등굣길 교문 입구에서 친환경 식품에 대한 홍보 활동을 하고 있는 학생 조합원들

많은 정보를 얻게 되었다. 직접 빵도 시식하고, 제일 잘 팔리는 물품이 뭔지 물어 보기도 하면서, 삼각산고의 '먹고가게'에서 하는 것들을 우리 그냥가게에서도 해 보자는 의견이 나오기도 했다. 다른 학교의 협동조합을 직접 탐방해 보니 아직 우리 학교가 많이 서툴다는 것도 새삼 느끼고, 배울 점도 많다는 것을 알게 되었다. 또 '동작구 찾아가는 사회적 경제 학교'에서 교내의 조합원 학생들을 대상으로 교육을 해 주어서 협동조합의 사회적 경제를 배우는 데도 많은 도움이 되었다.

그리고 이러한 경험들을 통해 국사봉중 사회적 협동조합의 임시총회를 열고, '조합원의 날'을 통해 협동조합에 대해 점검하고 개선해 나갈 수 있었다. 임시총회에서는 새로 이사장 및 임원들

[그림5] 국사봉중학교 사회적 협동조합 임시총회를 열고 나서 모두 모여 기념사진을 찍었다.

을 선출하고, 정관을 개정하여 앞으로의 계획도 생각해 볼 수 있었다. 조합원의 날에는 그동안의 활동들을 돌아보며 한 해를 마무리 짓고, 조합원 간 소통의 장이 되도록 작은 행사도 마련했다. 2017년 새로 추가되는 활동은 '학부모 재능 기부 사업'으로, 교내에서의 학부모 소모임을 통해 협동조합의 또 다른 활동을 준비하고 있다. 또 '아나바다 장터'와 1인 장터를 통해 학생들에게 사회적 경제에 대해 많이 알릴 수 있을 것으로 기대하고 있다.

국사봉중 사회적 협동조합은 나날이 발전해 나갈 것이라 믿는다. 올해 처음 활성화가 되어 아직 부족한 점이 많고, 다른 학교의 것을 모티프로 한 활동도 있다. 그렇게 부족하면 다른 이들에게 배우기도 하고 스스로 만들어 가기도 하면서 앞으로는 국사봉

중만의 장점인 '생태'를 살린 활동으로 협동조합을 널리 알리게
될 것 같다.

국사봉중 사회적 협동조합이 이렇게 발전할 수 있었던 것은 학
교를 포함한 많은 사람의 도움이 컸다고 생각한다. 무엇보다 학
교의 지원으로 그냥가게와 라온을 만들 수 있었으며, 또한 조합
원 모두 적극적으로 활동에 참여했기 때문에 가능했다고 생각한
다. 그리고 협동조합에 가장 힘쓰신 선생님들이 있어서 협동조합
이 지금처럼 발전할 수 있었다고 생각한다.

하게 되어서 다행이고, 정말 좋았다!

중학교 1, 2학년 동안 나는 사춘기로 인해 방황을 많이 했다.
딱히 하고 싶은 것이 없어서 확실하게 진로를 정하지도 못하고,
미래도 준비하지 않은 채 방황했다. 그렇게 시간이 흘러서 중학
교 3학년이 될 때까지도 진학에 대해 생각하지 못하고 있었다.
그러던 어느 날, 3학년을 대상으로 여러 고등학교에서 진학 설명
회를 하러 왔었는데, 수많은 고등학교 중에 내가 가고 싶은 학교
를 발견하게 되었다. 하지만 내 성적으로 들어가기에는 턱없이
모자랐다.

고등학교 입시를 준비하면서 정말 들어가고 싶은 학교는 생겼
지만 중학교 3년 동안 준비해 놓은 것이 없었기에 막막하기만 했

었다. 그런데 불현듯 머리에서 스쳐 지나간 생각이 있었다. 바로 내가 했던 협동조합 활동이었다. 사회적 협동조합이 있는 중학교가 별로 없다는 생각에 나만의 경험과 장점을 호소한다면 승산이 있을 것 같았다. 고등학교 면접을 준비하는 동안 협동조합 담당 선생님께서 도움을 많이 주셨다. 그동안 내가 자연스럽게 해 왔던 활동들이 나의 장점이 되어 있었던 것이다.

결국 나는 원하던 학교에 합격하였다. 봉사 시간을 받으려고 들어갔던 협동조합이 내 인생의 터닝 포인트가 된 것이다. 그리고 이 활동을 통해 나의 진로도 확실하게 정하는 중요한 계기가 되었다.

협동조합 활동은 나를 정신적으로 성숙하게 만들어 주었다. 지난 1년 동안 국사봉중 사회적 협동조합의 조합원으로 많은 것을 배우고, 얻어 가게 되었다. 협동조합이 무엇인지, 어떤 활동을 하는지도 몰랐던 내가 1년 만에 협동조합에 대한 이야기를 하고 있다는 게 놀랍기도 하다.

그저 학교 봉사 시간으로 인정해 준다고 해서 가입했지만, 협동조합 활동을 하면서 나는 평소에는 잘하지 않던 진짜 '봉사'를 경험하게 되었다. 그곳에서 생각지도 못했던 다양한 사람들을 만나고 또 누군가를 '돕는' 일을 해 보면서 얻은 것도, 느낀 점도 많았다. 그리고 그전까지는 아예 관심조차 없었던 '사회적 경제'와 '친환경'에 대해서도 알게 되고 생각하게 되는 계기가 되어서 좋았다.

고등학교에 진학하면 나는 열심히 공부하여 대학에 갈 것이다. 내가 원하던 학교에 입학한 만큼 노력해서 꿈을 이루고 싶다. 그리고 나중에 어른이 되어서도 협동조합에서 했던 활동을 경험으로 사회에 나가 봉사하는 '된 사람'이 되고 싶다.

국사봉중 사회적 협동조합 파이팅!!

우리들의 학교협동조합 이야기

‘협동’이란,
한 그루의 나무가
모여 세상이란
푸른 숲을 만드는 일

박선하(복정고등학교 졸업생)

♡ 황무지에서

〈나무를 심은 사람〉이라는 소설이 있다. 프랑스 작가 장 지오노의 대표작으로 줄거리는 이렇다. 평생 동안 황무지에 나무만을 심어 온 늙은 양치기 엘제아르 부피에. 그는 홀로 바깥세상 일에는 개의치 않고 황무지에 도토리나무와 자작나무를 심는다. 그러기를 40여 년, 황무지에서 아름답고 거대한 숲이 된 곳에서 사람들이 모여 축제를 연다. 그렇게 황무지에 하나의 마을이 생겨났다는 이야기다. 알려진 소개를 전하자면 〈나무를 심은 사람〉은 '이기주의를 버리고 공동을 위해 일하며, 아무런 보상도 바라지 않는 양치기 노인의 숭고한 정신과 그 실천을 그린 작품'이다. 고등학교 3년 동안 협동조합을 경험하면서 나는 그동안 나와, 그리고 우리가 함께한 일이 어쩌면 나무를 심는 일과도 같았다는 생각이 들었다. 나 이전에 그리고 그 이전에 누군가 심은 나무가 자라 그늘을 만들고 땅을 비옥하게 만들어 황무지를 비옥한 땅으로 변화시켰듯, 나 역시 '함께'라는 삶의 나무를 심고 싶었기 때문이다. 전국 최초 학교협동조합이라는 타이틀이 붙어 있는 우리 복정고등학교 협동조합은, 내게는 고등학교 기간 동안 '모두의 더 나은 삶'을 위해 '협동'이라는 나무를 심는 법을 알려 준 소중한 인연이었다.

이미 말했지만 중·고교 단위에서 이렇게 학생들이 대거 조합원으로 참여해 협동조합형 매점을 연 것은 우리 복정고가 처음이다. 그런데 왜 이런 일이 일어나게 되었을까?

시작은 학교 주변의 열악한 환경 때문이다. 서울과 성남의 경계에 있으면서 인근에 그린벨트가 있다 보니 주변에 마땅한 편의시설이 절대적으로 부족했다. 그 흔한 문방구도, 편의점도 없었다. 그래서 학생들은 인근 공사장 자판기를 이용하는 일이 빈번했지만, 문제는 거기서 판매되는 제품들의 질이 형편없었다는 것이다. 시급했던 것은 안전한, 학생들을 위한 매점이었다. 그래서 협동조합이라는 아이디어를 내고 안전한 먹거리가 있는 매점을 만들기로 했다. 그때까지만 해도 전국 어디에도 없는 그런 일이었다. 그렇게 복정고는 정말 황무지에 나무를 심기로 한 것이다. 누구 하나 황무지에 나무를 심을 생각이 없었지만, 우리는 모두를 위해 학교에 '협동조합'이라는 한 그루 작은 희망의 묘목을 심기로 한 것이다.

그리고 나는 이 별난 학교에 운명적으로, '복불복'으로 다니게 되면서 점점 더 새로운 세상을 만나고 말았다. 결론부터 말하자면 다행이었고 정말 좋았다. 그래서 난 새삼 이 별난 학교에서 있었던 나의 기억들을 더 많은 사람에게 전하고 싶어졌다.

내 마음의 10순위

이야기는 내가 복정고에 들어가기 이전으로 거슬러 올라간다.

복정고에 입학하기 전의 모습을 떠올려 보면 나는 그냥 평범 그 자체의 생활을 했던 것 같다. 아니 어쩌면 평범하다 못해 너무나 무심했다고나 할까. 공부만 해도 그렇다. 초등학교, 중학교 그리고 고등학교에 다니는 동안 학원을 다녀 본 적이 없었을 뿐더러, 고등학교 1학년 겨울방학 때 딱 한 번 방과 후 수업을 들었던 것 외에는 방과 후 수업도 듣지 않았다. 그렇기에 내가 하는 공부란 학교 수업과 별도의 복습뿐이었다.

중학교 때는 수업이 끝나면 친구들과 같이 친구네 집에서 놀다가, 그나마 시험 기간 한 달 전부터 도서관에 다니면서 혼자 문제집을 풀면서 공부하는 수준이었다. 고등학교 때도 별반 다를 것 없이 야간 자율학습만 신청해서 복습 위주로 공부를 했다. 고등학교에 올라와서야 학생회, 동아리, 협동조합 임원을 역임하고 대외 활동까지도 욕심내어 했지만 중학교 때까지는 그렇지 않았다. 그냥 내가 해야 하는 일만 하던 학생이었다.

중학교 3학년 2학기, 상급 학교 희망 지망 원서를 작성할 때 적을 수 있었던 학교는 총 10개였는데, 복정고는 내가 입학 당시 개교 3년 차의 신설 학교였다. 내 기준으로는 학교의 전통도, 문화도 자리 잡지 못한 학교였기에 10개 학교 중 '10순위 학교', '제일 가기 싫은 학교'가 되었다. 그런데 중학교 졸업식 날 담임 선생님께서 고등학교 배정을 알려 주셨는데, 내가 복정고에 배정이 되었다는 말을 듣고는 '왜 나에게 이런 일이!' 하면서 나도 모르게 눈물이 왈칵 나왔다. 그날 나는 하루 종일 울었다. 복정고에서의 첫 시작은 눈물바람이었던 셈이다.

하지만 어설픈 걱정과 달리 입학 첫날부터 나의 고등학교 생활은 꽃길이 되어 버렸다. 그리고 누군가 지금 만약 나에게 '과거로 돌아갈 수 있다면, 언제로 돌아가고 싶냐?'는 질문을 한다면 나는 고민 없이 '복정고를 다닐 때'라고 말할 수 있을 것 같다. 복정고에 배정되었다는 소식에 하루 종일 울던 아이가 어떻게, 왜 그렇게 바뀌게 되었는지 그 이야기를 이제부터 해 볼 작정이다.

학생들의 목소리를 듣는 학교

복정고는 학생들이 비교적 자신들의 목소리를 낼 수 있을뿐더러 학교는 기꺼이 그 소리를 들어 주려고 노력하는 편이다. 대표적인 사례가 바로 '협동조합'의 존재다.

'복정고 교육경제공동체 사회적 협동조합'은 전국 최초라는 타이틀과 함께 학교 안에서 학생들이 하나의 주체로서 인정을 받을 수 있다는 큰 장점을 가지고 있는데, 타 학교 많은 학생이 부러워했던 것은 어쩌면 당연한 일이었을 것이다. 나는 학교에서 학생들이 자신의 목소리를 내어 함께 무언가를 결정하고, 그것들을 지키기 위해 스스로 노력하는 그 모습들이 좋았다.

나는 이러한 것들이 가능할 수 있었던 것은 '학교의 분위기' 덕분이었다고 생각한다. 복정고는 신설 학교이면서도 혁신학교이기에 면면히 전해 내려오는 전통이나 문화가 없었다. 학교에 입학하기 싫다며 하루 종일 울 만큼 단점으로 보였던 이것이 오히려 엄청난 장점이 되어 내게 다가왔다. 무엇이든 원하는 대로 발전할 수 있는 무한한 가능성이 있었던 것이다. 그래서일까. 학교 운영에서도 학생들의 의견이 잘 적용되는 편이었다. 협동조합 외에 대표적인 예가 학교 축제다. 그동안 복정고는 격년제로 축제를 열고 있었다. 나는 부학생회장에 출마하며 공약 사항 중 하나로 매년 축제를 열겠다고 약속했다. 부학생회장이 되자 학생들이 원하는 축제를 만들기 위해 몇 차례 전교생 대상의 설문조사를 실시했고, 그것을 바탕으로 기획서를 만들어 담당 선생님께 제출했다. 그리고 '송년 축제'라는 콘셉트로 연말에 축제를 개최할 수 있었다. 다른 학교 학생회들에게 이 사례를 소개한 적이 있는데, 그때 연간 계획에 없는 행사도 만들어 내는, 학생들의 욕구를 충족시키기 위한 선생님들의 배려와 노력 그리고 학생들의 적극적이고 주도적인 움직임이 있는 특이한 학교에 대해 부럽다는 의견들을 많이 들었다.

'협동조합' 할 사람 여기 붙어라!

'무에서 유를 창조하다.' 협동조합을 생각했을 때 가장 먼저 생각나는 말이다. 협동조합의 모든 활동이 바로 무에서 유를 창조해 내는 과정이기 때문이다.

"전국에서 최초로 학교협동조합을 매점 형태로 우리 학교에서 만들 계획입니다. 관심 있는 학생은 교무실로 오시길 바랍니다."

어느 날, 교내 방송으로 공지가 나왔다. 나는 이 방송을 통해 협동조합이란 말을 처음 들었다. 말 그대로 처음 들었을 정도니 협동조합에 대한 관심이 '1'도 없었다. 그런데 함께 학생회 활동을 하고 있는 선배가 같이 협동조합을 만들어 보자고 찾아왔다. 그때까지만 해도 협동조합이 무엇인지 전혀 몰랐지만 협동조합이 가진 매력과 가치에 이끌려 일단 시작해 보기로 마음먹게 되었다. 이것이 내가 협동조합을 시작하게 된 계기였다.

그렇게 시작된 협동조합은 나를 포함해 학생 4명, 교사 4명, 학부모 4명 등 총 12명의 발기인으로 복정고 협동조합의 첫발을 내디디게 되었다. 발기인들이 모여서 가장 먼저 했던 활동은 협동조합에 대한 교육이었다. 협동조합이 무엇인지 정확하게 알기 위해, 또 복정고에 가장 적합한 협동조합의 형태는 무엇인지 파악하기 위해서는 협동조합에 대한 교육이 필요했기 때문이다.

협동조합을 만들기 위해 가장 필요한 요소는 당연히 '조합원'이었다. 학교라는 특성상 구성원 수가 가장 많은 자리를 점한 것은 학생이었다. 그래서 학생들을 조합원으로 가입할 수 있게끔 이끄는 것이 가장 중요했다. 발기인 회의를 통해, 학생들에게 협동조합을 홍보하기 위한 가장 좋은 홍보 수단은 바로 학생들이 중심이 된 '홍보단'이라는 결론을 얻었다. 약 15명의 학생 홍보단을 대상으로 협동조합 교육을 다시 진행한 후, 홍보를 위한 발표 자료 등을 직접 준비하며 학급 조회 시간을 통해 파워포인트로 발표를 진행했다. 홍보를 마무리한 후 홍보단 회의를 진행했는데, 1차 홍보로는 부족하다는 의견이 나왔다. 마침 '체육대회'를 앞두고 있던 때였다.

홍보단에서 체육대회 때 부스를 마련해 2차 홍보를 진행해 보자는 의견이 나왔다. 그래서 부스를 운영하며 협동조합에 대한 홍보와 협동조합을 통해 진행하고 싶은 사업에 대한 의견을 수렴했다. 그 이후 몇 차례 반복된 조합원 모집 홍보를 통해 '복정고 교육경제공동체 사회적 협동조합'이라는 이름으로 2013년 6월 창립 총회를 열었고, 모두 347명의 조합원이 구성되었다. 그렇게 복정고 교육경제공동체 사회적 협동조합은 힘차게 출발했다.

♡ 내게는 너무 특별한 당연함

협동조합 활동 중 가장 기억에 남는 교내 활동은 '아이스크림 납품' 관련 에피소드다. 2014학년도 여름에 있었던 일이다. 날씨가 더워지기 시작할 무렵, 이사회에서 매점에 아이스크림을 납품하자는 의견이 나왔다. 문제는 친환경 아이스크림 납품과 일반 아

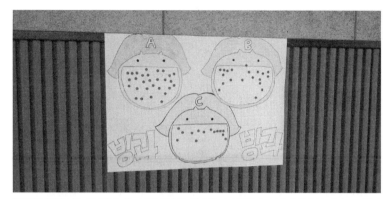

[그림1] 협동조합 이사회에서는 조합원들의 의견을 거수투표로 수렴해 친환경 아이스크림과 일반 아이스크림 가운데 어떤 것을 판매할지 결정했다.

이스크림을 납품하는 것으로 의견이 나뉘게 된 것. 당시 친환경 제품에 익숙하지 않은 학생들 사이에서 매점 제품들에 대한 불만이 나타나기도 했었다. 매점의 이익을 위해 아이스크림은 일반 아이스크림으로 들여오자는 의견이 있는 한편, 우리 매점의 취지에 맞는 친환경 제품을 들여와야 한다는 의견도 있었기 때문에 단순히 이사회에서 결정할 문제는 아니라고 판단했다. 그래서 학생이사들은 분과위원회를 소집해 현재 이사회의 안건을 공유하며, 해결 방안을 함께 모색할 것을 제안했다.

먼저 분과위원회 소속 조합원들의 의견을 듣고자 거수투표를 진행했다. 당시 내심 일반 아이스크림을 들여오자는 의견이 더 나올까 봐 살짝 걱정도 했었다. 하지만 내 걱정과는 달리 분과위원회 소속 모든 조합원이 친환경 아이스크림을 판매해야 한다고 말했다. 이유를 묻자 학생들의 대답은 모두 같았다.

"너무 당연한 거잖아요."

이 당연하다고 생각되는 것들을 우리만 당연하게 생각해서는 안 된다는 의견이 나왔다. 곧 학생들의 인식을 개선하기 위한 홍보 활동이 진행되었다. 그 결과 걱정했던 것과는 달리 친환경 아이스크림은 매점에서 가장 인기 제품으로 등극했다.

더 좋은 협동조합을 운영하기 위해서는 교내 활동뿐 아니라 교외 활동도 중요했다. 많은 교외 활동 중 가장 인상 깊은 것은 다른 학교협동조합들과 네트워크를 형성한 것이다. 연합 워크숍, 학교 방문, 협동조합 박람회 등을 통한 다른 학교협동조합들과의 만남, 정보 교류, 친목 도모는 협동조합 운영에 좋은 영향을 끼쳤다고 생각한다. 특히 연합 워크숍은 아직까지도 특별한 기억으로 남아 있다. 협동조합을 운영 중인 학교의 조합원들이 한자리에 모여서 청년위원회 선생님들과 함께 팀을 나눠 협동조합에 대한 교육을 받고, 협동조합들 간에 공식적으로 정보를 교류했던 것이다. 특히 청년위원회 선생님들을 보면서 '협동조합 활동이 고등학교에서만 그치는 것이 아니라 대학에 가서도 할 수 있구나.'를 생각하게 했을 뿐더러, 고등학교 졸업 후엔 청년위원회와 같이 선배 멘토단이 되어 후배들을 도와주며 협동조합에 대한 활동을 계속 이어 나가고 싶다고 생각했던 소중한 기회였다.

학교협동조합을 하면서 가장 뿌듯함을 느꼈던 에피소드가 하나 있다. 어느 날, 복정고의 한 학생이 등교를 위해 택시를 타고

"복정고로 가 주세요!"라고 말하자 택시 기사님께서 "그 매점으로 뉴스에도 나왔던 학교?"라고 물으셨다고 한다. 알아봐 주는 기사님의 반응에 뿌듯해진 학생의 대답은 이랬다고 한다. "전국에서 최초로 만들어진 학교협동조합이래요! 그래서 매점에서 파는 간식들도 다 친환경이라 몸에도 좋아요." 불과 1년 전만 해도 학교에 대한 지역사회의 인식이 별로 좋지 않았는데, 협동조합 활동이 알려지면서 조금씩 시선들이 변하고, 친환경 제품에 익숙하지 않아 힘들어하던 학생들 역시 변화하기 시작한 것이다. 우리의 노력들이 좋은 결과로 나타난 것 같아 많이 뿌듯해했던 기억이 난다.

우리 학교는 수요일 5, 6, 7교시는 늘 창의적 체험활동 시간으로 운영해 다양한 '창체활동'을 할 수 있도록 한다. 학교 일과 중에는 수업으로, 방과 후에는 방과 후 수업으로 조합원들이 함께 모일 수 있는 시간들이 많이 없었다. 그래서 이러한 창체활동 시간을 활용해 학교에서는 다양한 홍보 활동, 교육 활동 등을 지원해 주었다.

학교에서 〈위 캔 두 댓!(We Can Do That)〉(2008)이라는, 협동조합과 관련된 영화를 전체 학급에 상영해 준 적이 있다. 그동안 협동조합에 대해 지속적으로 홍보하고 교육을 했지만 시청각 자료를 통해 협동조합이라는 개념을 보다 더 쉽게 이해할 수 있도록 하기 위한 학교의 지원 중 하나였다. 실제로 많은 학생이 영화를 통해 협동조합의 개념을 더욱 친숙하게 느꼈다고 했다.

[그림2] 전국에서 최초로 만들어진 학교협동조합이었기 때문에 다른 학교에서도 방문하는 경우가 많았다.

[그림3] 복스쿱스 조합원들과 협동조합의 도시 원주시를 방문했다.

또 분과위원회 학생들을 위한 지원 사례들도 많이 있다. 그중 대표적인 사례를 꼽자면 바로 교육 활동일 것이다. '학교협동조합 기초 교육', '바른 먹거리 교육', '협동조합 7원칙 교육', '사회적 경제 교육' 등 다양한 교육들을 지원해 줌으로써 많은 학생이 학교협동조합뿐만 아니라 사회적 경제에 대한 교육들까지 받을 수 있게 되었고, 이를 통해 더욱 뚜렷한 가치관과 협동조합 활동에 대한 열정과 책임감을 느낄 수 있게 되었다고 생각한다.

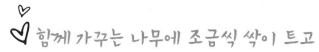

함께 가꾸는 나무에 조금씩 싹이 트고

'공부하는 것보다 활동하는 것을 더 좋아하는 고등학생'

내가 고등학교 내내 들었던 수식어다. 학생이라면 공부를 해야 하는 게 당연하지만 사실 나는 공부보다 활동하는 것을 더 좋아했다. 좋은 대학에 진학하려면, 좋은 회사에 취업하려면 공부를 잘해야 한다고들 말한다. 어느 정도 맞는 말이란 것을 알고는 있지만, 그럼에도 나는 학생회, 협동조합, 동아리 활동이 다른 어떤 것에 비교할 수 없을 만큼 더 즐거웠다. 하지만 학년이 높아지면서 '활동을 통한 배움'과 '학업을 통한 배움' 사이에서 갈등을 했던 건 사실이다. 이런 고민을 하고 있을 때 많은 선생님께서 나에게 해 주셨던 말이 있다.

"사람은 각자의 역할이 있고, 그 역할을 감당하기 위한 과정을 배우는 방식은 다 다를 수 있어. 하지만 공부도 함께 즐길 수 있으면 더 좋겠지?"

좋은 성적, 좋은 대학, 좋은 회사들만 강조되고 중요시하는 현재에 공부가 전부가 아니라고 말해 줄 수 있는 선생님들이, 그리고 그런 학교의 문화가 얼마나 많이 존재할까?

나의 진로 및 진학에 대한 계획은 중학교 때부터 확고했다. 중학교 1학년 때 단순히 내신 점수에 필요한 봉사 시간을 채우고자 가입한 지역사회 복지관의 봉사단 활동을 통해 사회복지사라는 직업을 알게 되었다. 많은 사람과 함께 어울리며 생활할 수 있고, 누군가에게 도움이 될 수 있는 직업인 사회복지사는 나에게 너무나도 큰 매력으로 다가왔다. 자연스레 나는 사회복지사라는 직업을 장래 희망으로 갖게 되었고, 사회복지학과에 진학해야겠다고 계획했다. 관련 대학교를 조사하던 중 우리나라에서 사회복지학과가 제일 유명하다는 강남대학교를 알게 되어, 강남대학교에 진학하고자 다양한 계획들을 세웠다.

그중 가장 큰 계획은 연간 200시간의 봉사 시간을 채우는 것이었다. 단 조건은 2개 이하의 기관에서만. 물론 단기적인 봉사 활동도 너무나 중요하지만, 단순히 봉사 시간을 채우기 위한 요소로만 인식하는 게 아닐까 하는 우려가 들어 되도록 정기적인 봉사 활동을 통해 책임감과 봉사에 대한 올바른 인식을 심으려고 노력했고, 실제로 실천하기도 했던 계획이었다.

두 번째로 세웠던 계획은 아동 복지, 청소년 복지, 노인 복지,

장애인 복지 등 다양한 사회복지 분야의 활동에 최소 세 번씩은 참여하는 것이었다. 현재 청소년 복지와 장애인 복지는 계획대로 세 번 활동을 실천했다. 하지만 아직 아동 복지와 노인 복지, 다문화 복지 활동에는 참여해 보지 못했기에 앞으로 남은 대학 기간 중 꼭 실천해 보고 싶다.

나는 훗날 사회복지사로서 많은 사람의 삶의 질을 향상시키는 데 기여하고 싶다. 그러기 위해서는 학업과 활동을 통한 배움이 함께 동반되어야 한다고 생각된다.

♡ 나무는 항상 다가올 봄을 준비한다

내가 지금 공부하고 있는 것은 '사회복지학'이다. 앞에서 이미 말했지만 사회복지사는 중학교 1학년 때부터 나의 장래 희망이었다. 많은 사람과 함께 어울리며 생활할 수 있고, 누군가에게 도움이 될 수 있는 직업인 사회복지사는 나에게 늘 매력적이었기에, 대학 진학을 결정하면서 전공을 결정하는 것에 대한 어려움은 없었다. 그래서 내 전공에 대한 확신을 가지고 입시를 준비했다.

처음부터 학생부 종합 전형으로 입시를 준비해야겠다고 생각한 것은 아니었다. 1학년 때부터 교내 활동, 교외 활동 구분 없이 '내가 할 수 있고, 내가 좋아하는 일'이라면 다 참여했다. 그렇게 시간이 지나면서 본격적인 입시 준비를 해야 하는 3학년 때 담임 선생님과 상담 후, 학생부 종합 전형으로 입시를 준비해야겠다는 틀을 잡기 시작했다.

수시로 대학 원서를 접수하면서 면접을 본 학교는 총 네 곳이었다. 면접 질문들 중 가장 높은 비율을 차지한 주제는 역시 '협동조합'이었다. 지금은 많은 학교에서 학생들이 협동조합을 운영하고 있지만, 내가 입시를 준비할 때만 해도 학교협동조합은 생소했기에 면접관들의 관심이 집중될 수밖에 없었던 것 같다. "학교협동조합 활동을 하게 된 계기는 무엇인가?", "학교협동조합을 통해 얻은 것은 무엇인가?", "학교협동조합이 무엇이라고 생각하는가?" 등 다양한 질문들을 받았다. 그중 가장 기억에 남은 질문은 "다양한 활동들 중 굳이 협동조합이어야 했던 이유는 무엇인가?"였다. 대답은 너무나도 쉬웠다.

"협동조합을 통해 얻은 행복함이 다른 행복함과는 비교할 수 없었던 것 같습니다."

다른 다양한 자치활동, 체험활동들 역시 정말 중요한 교육 중 하나겠지만, 협동조합은 다른 활동들과는 다른 무언가가 분명히 있다는 것을 말하고 싶다. 공부하기도 바쁜 학생들이 자신들의 복지를 위해, 자신들의 욕구를 위해 협동조합이라는 사업체를 직접 구상하고 기획하고 규칙을 만들며 하나의 공동체로 이어 가기 위해 노력하고, 그 과정을 믿음으로 지켜봐 주고 함께하며 인정해 줌으로써 건강하게 성장할 수 있는 가장 좋은 교육이라고 생각하기 때문이며, 실제로 대학 면접에서 이렇게 대답하기도 했던 것 같다.

♡ 내가 심은 나무는 나에게 그늘을 만들어 주었다

처음에 나는 복정고라는 곳에 대해 부정적이었다. 아니, 말 그대로 '가기 싫은 학교', '황무지'에 내 의지와 상관없이 버려진 것 같았다. 그러나 사실 그곳은 황무지가 아니었다. 나의 꿈을 이뤄 주고, 나를 성장하게 한 무한한 가능성의 공간이었다. 황무지 같기만 하던 그곳에서 나는 변하고, 자라고, 꿈꾸며 행복한 시간을 보냈다.

학교협동조합을 경험하면서 많은 기관과 사람들로부터 행정적, 경제적 도움을 받았다. 그리고 그것보다도 더 큰 관심과 애정을 함께 받았다. 만약 협동조합을 만들고 운영하는 과정에서 모든 구성원의 협동, 즉 하나 됨이 없었더라면 복정고 협동조합은 아직 보이지 않았을 것이라고 생각한다. 너무나도 뻔한 말이겠지만, 협동의 중요성을 몸소 느낄 수 있었던 것이다. 그래서 협동조합이 나에게 주었던 소중한 의미를 더 많은 사람에게 전하고 싶었고, 이런 활동들이 학생들에게 어떤 영향을 미치고, 어떤 가치를 지니는지 말하기로 했다. 나는 대입 자소서에 그동안의 이야기를 담았는데, 오늘 이 글을 보고 있을 누군가에게 나의 시간들을 있는 그대로 보여 주고자 한다.

협동조합을 통해 학생들의 간절한 바람이었던 매점을 설립할 수 있고, 매점 이익은 다시 학생 복지로 전환된다는 점에 매력을 느껴 발기인부터 이사회까지 활동하고 있습니다. 발기인으로서 매점의 형태와 사업을 구상하고, 홍보단을 구성해 재학생에게 협동조합의 취지를 설명하며 조합원을 모집했습니다. 창립총회를 통해 350여 명의 조합원들을 대상으로 사업들을 발표했습니다. 총회 후, 교육부로부터 설립 인가를 받아 '복정고 교육경제공동체 사회적 협동조합'의 본격적인 사업을 진행할 수 있게 되었습니다. 하지만 친환경 제품이라 다소 높은 가격과 맛이 없을 것이라는 편견들로 학생들은 매점에 대한 반감이 생겼습니다. 매점은 점차 수익이 줄어들었고 운영에도 어려움이 생겼습니다. 이사회에서는 "친환경 제품을 포기해야 하나?"라는 의견까지 나오기 시작했습니다. 학생들의 그동안의 노력들을 한순간에 헛되이 하고 싶지 않았습니다. 포기하기에는 아직 해 보지 않은 시도들이 많은 것 같다는 생각과 함께 변화가 필요하다고 생각했습니다. 그래서 학생 분과위원회 회의를 소집하여 현재의 문제점들을 설명했고 다양한 홍보 방법을 모색하였습니다. 계속된 홍보와 친환경 매점의 원칙을 지켜 온 결과, 학생들의 인식은 많이 변화되었고, 잘 운영 중에 있습니다.

　복정고 협동조합은 전국 최초라는 타이틀보다 학생과 교사, 그리고 학부모가 함께 모여 진행한 첫 활동이기에 더욱 의미가 깊은 활동이라고 생각됩니다. 공동의 목표를 위해 함께 준비할 수 있었던 뜻깊은 기회였습니다. 또한 학생이사로서는 복지 제공자, 조합원이 되어 매점을 사용함으로써 복지 수혜자의 입장을 통해 복지가 순환되는 과정을 경험할 수 있었으며, 먼 훗날 사회복지사로서의 역할을 감당할 때에도 좋은 기회가 될 것이라고 생각됩니다.

나무가 숲이 되는 일

　'내가 원하는 사회복지와 이제 조금씩 관심이 가기 시작한 사회적 경제를 함께 공부하고 활동할 수 있을까?'가 대학 입학을 앞둔 나의 고민 중 하나였다. 학교협동조합의 특성상 졸업을 하고 나면 다시 학교협동조합 활동에 적극적으로 참여할 수 없다는 단점이 있다. 물론, 조합원으로서의 활동은 가능하겠지만 고등학교를 방문하는 일도, 소식을 전해 듣는 일도 재학 중일 때보다는 어려운 것이 사실이기 때문에 '내가 앞으로 우리 협동조합에 대해, 그리고 학교협동조합에 대해 어떤 역할을 할 수 있을까?'라는 고민을 안 할 수 없었다.

　그러던 중 정말 운이 좋게도 주수원 연구원님과 박주희 연구원님이 함께하는 '학교협동조합 지원 네트워크 청년위원회'에서 학교협동조합에 관심 있는 학교들을 방문해 학교협동조합에 대한 교육을 할 수 있는 기회가 찾아왔다. 그리하여 우리 복정고와 홍덕고등학교, 문경여자고등학교, 광휘고등학교, 도예고등학교 등 현재 협동조합을 운영하고 있거나 협동조합 설립에 관심을 갖고 있는 학교들을 방문하여 협동조합과 학교협동조합 운영에 대한 기초 교육 등을 진행하기도 했다. 또한 성남시 사회적 경제지원센터에서 청년 서포터로 활동하면서 사회적 경제에 대한 교육을 받기도 했다. 대학교에서도 사회복지정책론, 사회복지행정론 등을 통해 사회적 기업을 통한 사회적 경제에 대한 교육도 듣고 있다. 고등학교 때는 협동조합에 대한 경험적인 능력을 쌓을 수 있었다면, 대학교에서는 지식적인 능력을 쌓을 수 있게 된 것이다.

　'내가 가진 달란트를 베풀면서 살자.' 이제는 나의 가장 중요한 가치관이 된 말이다. 내가 가지고 있는 나만의 재능들을 나만을 위해서 사용하기보다는 더 많은 사람에게 베풀며 살고 싶다. 나는 앞으로 제도적인 서비스뿐 아니라 정서적인 서비스도 함께 제공하는 사회복지사가 되고 싶다. 그렇기 위해서는 지식만 가지고 있어서도 안 되고, 경험만 가지고 있어서도 안 된다고 생각한다. 지식과 경험 모두 가지고 있으면서 더욱 다방면에서 필요로 하는 그런 사람이 되고 싶다.

고등학교 때 나는 학교에서 가장 활발한 학생이었다. 학생회, 동아리, 그리고 협동조합까지, 학교에서 할 수 있는 자치활동에는 모두 참가했다. 대학교에서 나는 고등학교 때와 달리 지극히 평범한 여대생으로 지내고 있다. 하고 싶은 것들을 하면서 대학 생활을 즐기는 것도 고등학교 때 간절히 바라던 바람이긴 했다.

지금 나는 너무나도 민족스러운 대학 생활을 보내고 있다. 열네 살 어린 나이 때부터 하고 싶었던 사회복지사 공부를 하고 있고, 가끔은 학교나 기관들을 찾아가 협동조합에 대해 교육을 하고, 이렇게 짧게나마 협동조합과 관련된 글을 쓰고 있는 나의 대학 생활은 100점 만점에 80점이다. 나머지 20점은 앞으로 남은 계획들이 결정할 것 같다. 앞으로 나의 계획은 너무나도 단순하다.

내비게이션의 목적지에 착오가 생기면 잘못된 길을 알려 줘 운전자가 길을 찾는 데 어려움이 생긴다. 나는 사람도 자신의 삶의 목적지를 선정하는 것이 중요하다고 생각한다. 자아 정체감을 찾아가는 청소년 시기에 자신의 삶의 목적지를 선정하는 과정에서 많은 청소년이 어려움을 느끼고 있다는 것을 다양한 봉사 활동을 통해 알게 되었다. 그래서 나는 고등학생 당시 세웠던 봉사 활동 분야에 대한 계획을 다 채우는 것은 물론, 청소년들을 위한 사회적 기업을 만들어 멋진 청소년들을 양성하는 사회적 기업가 겸 사회복지사가 되고 싶다. 나의 꿈은 이렇게 조금씩 성장해 사람들과 함께하며 언젠가는 숲이 되리라 믿는다.

우리들의 학교협동조합 이야기

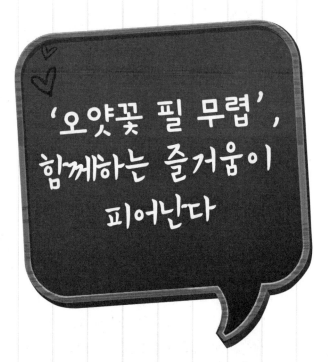

'오얏꽃 필 무렵',
함께하는 즐거움이
피어난다

신지영(문경여자고등학교 졸업생)

♡ 눈부시게 피어날 봄을 기다리던 시절

나에게는 두 가지 장래 희망이 있었다. 하나는 교사고, 또 다른 하나는 인테리어 디자이너였다. 꽤 어릴 때부터 '공간'이라는 개념이 나에게는 매우 소중하고 감성적으로 다가왔는데, 아마 소중한 추억을 떠올릴 때면 늘 기억 속의 공간을 떠올렸기 때문일 것이다. 나의 모든 추억이 특정한 공간과 관련되어 있다고 생각하니 공간에 대해 애착이 갔고, 언젠가 누군가에게도 의미 있는, 그리고 소중한 의미로 기억될 공간을 디자인한다는 것이 매우 흥미롭게 생각되었다.

소중한 의미로 기억되는 또 다른 하나, 바로 '선생님'이었다. 누구에게나 학창 시절 기억에 남은 선생님이 계실 것이다. 그리고 때로 그 선생님과의 추억을 가슴속에 담아 두고 살면서 꺼내 보고 기억을 되살리기도 할 것이다. 선생님이라는 존재가 마냥 좋은 기억으로 남아 있지 않는 경우도 있겠지만 적어도 내 인생에서 선생님은 동경의 대상이었다. 초등학교 3학년 담임 선생님이 특히 나에게 그런 존재셨다. 가장 기억에 남은 것은 '칭찬 쿠폰제'였는데, 쿠폰 점수가 쌓이면 쌓일수록 큰 선물을 고를 수 있었다. 모둠 수업을 정말 재미있게 했으며, 사진을 스티커로 만들어 학생들에게 선물하는 것이 취미셨다. 학기 중에 문경으로 전학 가는 나를 위해 마지막 작별인사 때 친구들과 함께 찍은 사진과 직접 쓰신 편지를 우편으로 보내 준 기억이 아직까지 생생하다.

그때는 선생님이라는 직업이 막연한 동경이었지만 성장할수록 '선생님'은 제자의 기억에서 살아 숨 쉬는 사람이라는 것을 깨달았다. 선생님은 누군가의 인생에서 의미 있는 사람이 될 수 있는 소중한 기회를 가진 사람이라고 생각했고, 나와 인연을 맺는 학생들과 의미 있는 추억을 만들고 싶었다. 학교를 '가고 싶은 곳'으로 만드는 교사가 되고 싶었고, 다양한 교육 문제를 해결하며 조금이라도 더 나은 세상을 만들고 싶다는 소망이 늘 있어 왔다.

교사가 꿈이기도 했지만 나는 특히 학업에 대한 흥미가 높았기 때문에 거기에 가장 큰 초점을 두면서 중학교 시절을 보냈다. 질문쟁이라고 불릴 정도로 선생님들을 쫓아다니며 질문 공세를 폈는데, 교무실을 마치 교실처럼 자주 드나들 정도로 공부가 즐거웠다. 쉬는 시간마다 복습하려고 칠판에서 중얼거리면 친구 여러 명이 모여드는 바람에 자연스럽게 스터디 그룹이 생겨날 정도로 재미있게 암기하는 방법을 공유하면서 공부를 놀이로 만들곤 했었다.

고등학교에 입학하기 전, 나는 항상 준비된 사람이고 싶어서 무엇이든 열심히 했다. 내가 할 수 있는 최선은, 모든 분야에서 맡은 일은 열심히 하는 것이라고 생각해 왔다. 물론 이 글을 쓰고 있는 지금도 그 생각에는 조금도 변함이 없다. 열심히 노력한다면 그 자체에 대해서는 후회와 미련이 남을 수 없다는 것을 잘 알고 있었던 것 같다. 열심히 해야 한다는 생각에 의욕이 넘쳤지만 나에게는 오지 않을 것만 같던 고등학교 생활이 막막했던 것도 사실이다. 고등학교 입학은 누구에게나 처음인 만큼 막연한 걱정이 생길수록 확신을 갖고 학업에 집중해야 한다고 나 스스로 다짐했다.

나는 과학계열 고등학교나 외국어계열 고등학교를 지망하지 않았기 때문에 지역 특성상 고등학교의 선택 폭은 크지 않았다. 대학 진학을 위한 인문계 고등학교는 인근에 두 곳이 있었다. 한 곳은 정시 전형을 중심으로, 다른 한 곳은 수시 전형을 중심으로 대학에 진학하는 비율이 높은 편이었다. 나는 수시 전형을 염두에 두었기 때문에 문경여자고등학교를 선택하게 되었다. 전교생에게 좋은 자습실과 다양한 학습 환경을 제공할 수 있다는 점, 학생들의 의견을 잘 들어 주고 학생들을 위해 실질적인 투자를 많이 하는 학교라는 것도 선택 이유였다. 중학교 내신 성적이 양호한 편이어서 입학시험을 치르고 무난하게 합격할 수 있었다.

고등학교에 입학한 후에도 실내 건축 디자인과에 관심이 있었는데, 이는 이과에 진학하는 것이 유리했다. 하지만 막상 고등학교에서 두 가지 장래 희망을 모두 갖고 가기는 힘든 일이었다. 그때 도움이 된 것이 진로 적성, 흥미 검사였다. 중학교, 고등학교 1학년 때 실시된 검사표를 보고 진지하게 나의 적성을 찾아보니 공간지각능력과 수리능력이 다소 낮게 나왔고 적성에 맞는 직업군은 모두 사회계열이었다. 기자, 교사, 공무원, 검사, 판사 등이 사회계열에 속한다. 사실 나는 문과와 이과를 이분법적으로 구분하는 교육제도에 매우 회의적인 편이지만 개인의 성향과 좋아하는 과목을 고민한 끝에 문과에 진학하기로 결정했고, 목표 대학을 교육대학과 사범대학으로 좁혔다. 하지만 교육계열에서도 사범대와 교육대를 두고 고민이 되었다.

1학년 때부터 나는 하나의 전공과목만을 가르치는 중·고등학교 선생님보다는 초등학교 선생님을 지망해 왔다. 다양한 과목을 가르칠 수 있고 교실 환경 미화나 생태 체험과 같은 활동적인 교육이 가능하기 때문이다. 진로 검사에서도 한 가지 영역의 점수가 두드러지지 않고 모든 영역에서 점수가 골고루 잘 나왔다는 사실도 큰 영향을 주었다. 한편 고등학교에 진학한 후에는 교수법, 교육정책에 관심이 많아져서 교육학을 전공하여 교수나 연구직으로 나아갈 생각도 했다. 교육에 헌신하는 사람이 되는 것을 목표로 두되 1학년 때는 교육학과, 초등교육학과, 윤리교육학과 등 다양한 과를 생각해 두었기 때문에 교육 전문가와 교사 사이에서 진로를 완전히 정하지는 못했다. 하지만 우리나라 교육에 헌신하고자 하는 확고한 목표가 학업에 집중할 수 있도록 하는 원동력이 되었다.

♡ 학생을 배려하는 학교를 만나다

우리 학교의 가장 큰 장점이자 다른 학교와의 차이점은 학생 복지에 있다. 학생들이 좀 더 안락하고 편리하게 학교생활을 할 수 있도록 선생님들과 행정실 관계자분들이 항상 학생들의 의견에 귀를 기울이신다. 특히 학습 환경에 많은 투자를 하는데, 전교생에게 자습실을 따로 제공하고 교과 교실제를 실시하는 과학 중점학교로서 전 교실에 디지털 환경을 갖추고 있다. 그뿐 아니라 각 학급 임원과 차장, 부장, 회장, 부회장 모두 정기적으로 학생회 회의에 참여하면서 친구들이 내놓은 안건을 논의하고 회장과 부회장은 교장 선생님과 대면하여 큰 문제를 직접 해결한다. 건의사항 중에는 화장실에 물비누 비치, 체육대회 종목 변경, 급식 배급 순서 등도 있다. 또한 전교생을 대상으로 에어컨과 히터 가동에 대한 만족도 조사를 정기적으로 실시할 만큼 사소한 배려로 학생들을 감동시키는 학교다. 입학식, 졸업식과 같은 큰 학교 행사의 대부분을 학생회가 진행하도록 자율권을 주면서 '우리들을 위한 행사'를 만들도록 많은 배려를 해 준다. 따라서 입학식과 졸업식은 학생들에게 또 다른 축제가 된다. 또한 학생들의 다양한 진로를 위해 자율 동아리를 전폭적으로 지원하고 운동장 가에 각반마다 텃밭을 제공해 다양한 작물을 가꿀 수 있게 지원하는 '사제 동행 텃밭 가꾸기'와 같이 재미있는 학교생활을 위해 다양한 활동을 장려한다. 기존의 일방적인 교육방법을 보완하고자 1년 동안 영어과 수업 전체를 거꾸로 수업으로 진행하면서 '학생 중심'의 수업 풍토를 조성하는 데 앞장서는 학교라고도 소개하고 싶다. 내가 생각하는 문경여고는 말 그대로 '학생을 배려하는 학교'였다.

[그림1] 운동장 가에 만든 텃밭에서 학생들이 식물을 심고 있다.

　우리 학교는 학생들에게 정말 많은 기회를 제공한다. 문제는 누가 그 기회를 잡아서 자신의 것으로 만드느냐에 달려 있다고 믿는다. 내가 고등학교를 다니면서 느낀 가장 큰 깨달음은 '기회를 만들어 가자.'는 것이다.

　인문계 고등학교 3년은 대학을 진학하기 위한 준비 기간이기도 하지만 사회 진출에 대비해 초석을 다지는 기간이기 때문에 나는 고등학교에서 내가 할 수 있는 다양한 활동을 해 보고 싶었다. 기회가 주어지기를 기다리기보다 먼저 나서서 기회를 잡는 사람이 되려면 학교생활에 대한 열정이 있어야 한다. 나는 다양한 교내 대회와 봉사 활동, 행사에 빠짐없이 참여했다. 문경에서 개최하는 세계군인체육대회 통역 봉사부터 사소할 수 있는 체험 학습 활동 보고서까지 모든 활동에 정성을 다했고, 그 활동의 중요성과 무관하게 매 순간 나는 좋은 경험을 했다.

또한 고등학교에서는 자발적으로 진로를 탐색하면서 대학 진학을 고려해야 한다고 생각하기에 교육에 대해 견문을 넓힐 수 있는 기회를 만들고 싶었다. 그래서 소논문 쓰기 대회, 논문 보고서 발표 대회와 같은 교내 학술 대회를 기회 삼아 다양한 시각으로 우리나라 교육을 탐구해 보았다. 교육 환경적 요소에서는 학교 건물과 등굣길 환경 실태를 다룬 소논문을 작성해 보았고, 이탈리아 건축가인 헤르만 헤르츠버거의 사회적 소통을 위한 교육 공간 특성을 주제로 논문을 탐색하고 발표했다. 교육 내용적 측면에서는 우리나라 다문화 교육정책의 한계점과 지향점을 조사해 보았고 문제 중심 학습법, 거꾸로 수업과 같은 교수법을 주제로 논문을 탐색하고 발표했다. 이러한 기회로 생소했던 학술 논문과 친해졌고, 교육에 대한 관심을 확장하면서 나의 꿈에 더 가까이 갈 수 있었다.

새로운 시작, 학교협동조합 – 매점을 부탁해!

고등학교에 입학하고 얼마 후 나에게 새로운 관심사가 생겼다.

바로 학교협동조합이었다. 문경여고와 학교협동조합과의 인연은 2년 선배들의 독서 동아리 활동에서부터 시작됐다. 당시 선배들은 사회적 경제에 대해 논의하던 중, 사회적 경제 중에서도 협동조합이 우리 사회가 직면한 다양한 문제의 해결책이라고 생각했기 때문에 학교협동조합 사업을 제안했다. 그 무렵 학교협동조합에 대한 공감대가 형성되기는 했지만, 곧바로 협동조합이 설립되지는 못했다. 선배들이 가진 문제의식을 후배들인 우리가 물려받아 2년 뒤 본격적으로 설립에 착수하게 된 것이다.

우리 학교가 학교협동조합을 설립하게 된 결정적인 계기는 매점의 필요성 때문이었다. 3년 전까지만 해도 문경여고에는 개인사업자가 운영하는 매점이 있었다. 하지만 개인이 운영하는 매점에게는 먹거리에 대한 안전이 확보되지 못했고, 매점에서 파는 상품에 대한 선택권이 없는 상태에서 학생들은 자연스럽게 인스턴트 음식과 친해질 수밖에 없었다. 특히 급식이 입맛에 맞지 않을 때면 컵라면과 과자를 사서 끼니를 해결하는 경우가 많아서 문제가 심각했다. 우리 학교는 당시 매점 운영자와 10년 장기 계약을 맺은 상황이었기 때문에 계약이 만기된 2013년 5월쯤에야 매점을 폐쇄했다.

사실 매점이 학생들에게 최고의 복지(?)를 제공한다는 것은 누구도 부인할 수 없었고, 먹는 재미로 하루를 보낸다고 해도 과언이 아닌 고등학생들로서는 맛있는 간식거리를 더더욱 포기할 수 없었다. 하지만 학교에 매점이 없다 보니 학생들은 저녁마다 학교 바로 앞에 있는 슈퍼로 달려갔고, 어느새 그 가게가 우리 학교의 매점이 되어 있었다.

학교 밖에 있는 가게가 학교 매점으로 역할을 한다는 것 또한 문제가 되었다. 학교와 아무리 가까운 거리라도 많은 학생이 한꺼번에 교문 밖으로 나가다 보니 늘 교통사고의 위험이 있었고, 여전히 컵라면과 봉지 과자가 학생들의 주요 간식거리였기 때문이다.

사실 간식거리를 사는 용도로만 매점이 필요했던 것은 아니다. 우리에게는 휴지나 칫솔, 샤프심이 필요하면 살 수 있는 곳이자 친구들과 만나 수다를 떨 수 있는 공간이 필요했다. 특히 기숙사에서 생활하는 학생들에게는 매점이 더욱 절실했다.

몸에 좋으면서도 맛있는 음식을 살 수 있는 곳, 먹거리뿐만 아니라 학교생활에 필요한 생필품을 구할 수 있는 곳, 물건을 사는 것을 떠나 우리들의 추억을 만들어 나갈 수 있는 곳이 필요했고, 우리들의 필요를 학교협동조합 매점으로 해결할 수 있을 것이라는 기대가 설립의 결정적 계기가 된 것 같다.

나는 학교에서 본격적으로 협동조합 설립을 추진하기 전, 협동조합 모범학교 견학에 1학년 대표로 참여하게 되면서 학교협동조합과 깊은 인연을 맺게 되었다. 학년부장 선생님의 추천을 받아 얼떨결에 견학에 참여했지만, 성남시에 있는 복정고등학교로 학교협동조합에 대해 자문을 구하러 가는 만큼 가기 전에 학교협동조합에 대한 자료를 꼼꼼히 읽고 질문 리스트를 만들었다. 아마 그 계기로 다른 학생들보다는 학교협동조합에 대해 더 자세히 알고 더 관심 있어 한 것 같다.

당시 처음으로 학교협동조합 매점을 직접 볼 수 있었는데, 그때까지 우리 학교에 매점이 없었기 때문인지 그 풍경이 무척이나 신기했다. 매점은 쉬는 시간에 학생들로 북적이는 복잡하고 단순한 곳인 줄만 알았는데, 실제 복정고의 협동조합 매점은 마치 하나의 카페 같았다. 파는 물건도 시중에서 흔히 보는 음식이 아니라 공정무역 초콜릿, 우리 밀로 생산한 과자, 유기농 농산물로 만든 음료수 등 한눈에 봐도 생소했다. 매점 매니저에게 비싼 가격에 대한 학생들의 저항은 없는지 물어 보았다. 처음에는 학생들 역시 부담스러워한 것은 사실이나 지금은 몸에 좋은 음식을 먹어야 한다는 공감대가 형성되어 잘 팔린다고 했다. 특히 인기 품목은 친환경 원료로 만들기는 하지만 시중의 제품과 비슷하게 만들어 큰 이질감은 없다고 말씀한 것이 기억에 남는다. 내가 매점에서 우리 밀로 만든 음식을 사면 그것 자체로 우리 밀을 키우는 농가에 힘이 될 수도 있고, 공정무역으로 들여온 초콜릿을 사면 공정무역을 장려하면서 저임금으로 고통 받는 카카오 농장 근로자들을 도울 수 있다는 사실도 꽤 큰 감동으로 다가왔다.

내가 사 먹는 음식이 어떻게 만들어지는지 알게 되는 것만으로도 윤리적 소비를 습관화할 수 있는 기회가 된다. 학교협동조합 매점이 자체적으로 공동 구매를 주최하거나 교복 기부, 수능 응원 선물 돌리기 등 다양한 프로젝트를 시행하며 사회적 경제의 체험장 구실도 할 수 있다. 특히 학교협동조합은 일반 매점과 다르게 매니저 한 분으로 매점 운영에 한계가 있을 때 학생 도우미를 고용할 수 있는데, 학생은 실제로 급여를 받으면서 일하기 때문에 학교 내에서 근로 현장을 체험할 수도 있다. 이 견학을 계기로 학교협동조합 매점은 그 자체로 교육의 장이 될 수 있다는 것을 알았다. 복정고에서 본 학교 매점은 우리가 찾는 다양한 조건을 만족시킬 수 있는 이상적인 매점이었다. 나는 학생들의 복지를 최우선으로 생각하는 매점을 설립하는 데 일조한다면 그 자체로 학창 시절의 값진 추억으로 남을 거라고 생각했다. 나는 견학 과정에서 복정고 담당 선생님께 적극적으로 질문을 하면서 우리 학교에 협동조합이 설립될 수 있도록 작은 힘이나마 보태리라고 다짐했다.

나는 협동조합 창립 과정 시작 단계인 학생 발기인 모집 공고가 뜨자마자 신청해서 발기인으로 활동하게 되었다. 조합원을 모집하기 전 분과위원회 조직을 위한 안내를 맡게 된 것이다. 분과위원회는 많은 학생이 학교협동조합 설립에 실질적으로 참여할 수 있도록 협동조합에 관심이 많은 학생들을 모아 홍보, 조직, 디자인팀으로 나눈 집단의 모임이다. 분과위원회의 많은 학생이 조합과 관련된 다양한 교내 활동에 참여하게 된다.

담당 선생님께서 전교생을 대상으로 방송을 하고 100명이 넘는 학생들을 강당에 모았다. 나는 학교협동조합에 관한 내용을 파워포인트로 발표하면서 관련 정보를 알기 쉽게 소개했다. 마케팅에 관심이 많은 학생은 홍보팀, 미술이나 디자인과로 진학하려는 학생들은 디자인팀, 경제·경영과 같은 과에 진학하려는 학생들은 조직팀에 가입하도록 유도했다. 특히 나는 복정고 협동조합 매점을 견학하면서 느낀 점과 협동조합의 장점이나 기대 효과를 열심히 설명했는데, 다행스럽게도 강당에 모인 많은 학생이 공감해 주고 호응해 주었던 일이 아직도 기억에 남는다.

홍보팀은 매일 아침 교문에서 협동조합 홍보 피켓을 들고 구호를 외쳤고, 각반마다 찾아가서 실제 국내 기업에서 생산하고 있는 건강한 먹거리 상품들을 소개했다. 조직팀은 설립에 필요한 조합원 인감증명서, 미성년자 보호자 동의서, 친권자 인감증명서, 가족관계증명서와 같은 법적 서류를 책임지고 회수했다. 마지막으로 디자인팀은 간이매점의 인테리어를 맡아서 새로운 공간에 생기를 더하는 데 큰 도움을 주었다. 특히 홍보팀이 1층 로비에 설치한 물품 선정 시식회는 친환경 먹거리에 대한 학생들의 생소함을 해소하는 데 큰 역할을 했다. 매점에 친환경 먹거리가 들어온다는 소문이 퍼지자 학생들의 반응은 별로 좋지 않았는데, 아마 친환경 과자나 아이스크림은 기존 제품보다 비싸기도 하지만 맛도 별로일 거라고 생각했기 때문일 것이다. 나 역시도 직접 먹어 보기 전에는 맛이 없을 줄 알았는데 복정고에서 납품받는 과자들은 전혀 그렇지 않았다. 맛도 있으면서 뒷맛이 더 깔끔했다. 아무리 좋다고 해도 주변 친구들에게 친환경 제품을 말로 알리는 것에는 한계가 있었는데, 홍보팀에서 좋은 기회를 만들어준 것 같다. 이렇게 세 팀이 각자의 역할에 충실한 덕분에 협동조합 설립 과정에서 큰 힘이 되었다. 생각해 보면 그때 나는 '협동'은 거창한 것이 아니라 '서로의 역할에 충실한 것'만으로도 큰 시너지 효과를 내는 것이라고 깨달을 수 있었다.

♡ '생얼'의 추억

발기인으로 활동해 보니 설립과정에 참여하는 것이 정말 재미있었다. 학생이사 선거에도 나갔고, 당선된 이후 나를 포함한 이사들은 더 분주해졌다. 교육부로부터 설립인가를 받고 나서 우리 학교는 본격적으로 대구·경북 최초로 학교협동조합을 설립했기 때문에 여러 언론에서 인터뷰 요청이 들어왔다. 《대구일보》를 시작으로 안동 MBC 뉴스 등 다양한 언론에 우리 학교가 소개되었다. 나에게 학교협동조합 활동을 하면서 기억에 남는 것을 고르라고 한다면, 뉴스 인터뷰를 빼놓을 수 없을 것이다.

당시는 한창 내신 시험 기간이었다. 나는 평소처럼 기술가정 수업을 듣고 있었는데 수업 도중 담당 선생님께서 나를 불러내셨다. 그때 나는 머리도 안 감고 얼굴에 로션도 제대로 바르지 못한 상태여서 꼴이 말이 아니었다. 그런 나에게 선생님께서 뉴스 인터뷰에 응해 달라고 부탁을 하는 게 아닌가. 거절할 수 없어서 도살장에 끌려가는 소처럼 뉴스 관계자분들이 모여 있던 교장실에 들어갔다. 하지만 들어가서 취재 기자를 보자마자 나는 나의 그런 상태를 잊어버리고 말았다. 그저 문경여고의 학생으로 협동조합 설립에 참여하면서 지금까지 겪어 왔던 힘든 과정, 협동조합에 대한 내 생각을 솔직하게 말해야겠다고 생각했고, 열심히 답변했다. 그렇게 무사히 인터뷰 녹음이 끝난 후 한숨 돌리고 교실로 올라가려는데, 내 눈앞에 거대한 카메라가 보였다. 그제야 정신이 들면서 설마 '저걸로 나를 찍지는 않겠지?' 하며 위안을 삼으려는데 속에서는 알 수 없는 불안감이 요동치고 있었다.

'슬픈 예감은 틀린 적이 없다.'는 노래 가사도 있지 않은가. 내가 '아닐 것이다'와 '설마' 사이에서 치열하게 고민하고 있는데 기자분이 "자, 저쪽으로 가서 찍으시죠."라고 말을 건넸다. 나는 속으로 '망했다.'를 연거푸 외치면서 기자와 카메라맨, 담당 선생님, 교장 선생님, 교감 선생님 뒤를 말없이 따라갔다. 걸어가면서도 카메라 앞에서 도대체 뭐라고 말해야 할까를 수없이 고민했던 것 같다. 매점이 지어질 구 학생 휴게실 공간에서 촬영이 이뤄졌는데, 정신을 차려 보니 처음 보는 카메라와 화면에서만 보던 MBC 로고가 박힌 마이크가 내 얼굴 앞에 와 있었다. 눈 딱 감고 인터뷰에 응한 후 기자님이 바로 오케이 사인을 해 주어서 한 번에 끝낼 수 있었다. 모든 것은 이미 엎질러진 물이었지만, 그 물은 다행히 더 좋은 그릇에 담겨졌다. 그때 나는 '상큼하고 신선한 여고생'이기를 포기하고 다른 의미 있는 것을 얻었다. 더 많은 사람에게 협동조합을 알릴 수 있게 된 것이다.

뉴스 방송이 나가고 우리 학교의 협동조합은 친구들을 비롯한 다양한 사람들에게 회자되었다. 비록 급하게 참여해서 많은 아쉬움이 남지만 생애 처음의 방송 출연이었고, 나의 순발력을 테스트했던 극적인 경험이었다. 시험 기간에 찌든 영락없는 고등학생의 모습으로 나와서 영원한 '흑역사'를 남긴 것 같아 속상했던 것도 잠시, 그 기회가 나에게는 매우 값진 추억이 될 거라는 것은 분명했다. 뉴스 인터뷰를 잘 마무리했다는 생각에 방송에 대한 두려움이 많이 사라졌고, 매사에 자신 있게 행동하는 것이 중요하다고 몸소 느꼈다.

방송반의 다큐멘터리 제작에 학교협동조합 이사대표로 출연하여 인터뷰에 응했고, 교육청이 주관하는 학생 기자 방송에도 나가서 문경여고의 협동조합에 대해 알렸다. 여러 번 카메라 앞에 서면서 내가 학교협동조합을 알리는 데 작은 보탬이 된 것 같아 기쁨이 컸다. 발기인과 이사로 활동하면서 나를 성장시킨 가장 뜻깊은 활동이 아닌가 싶다.

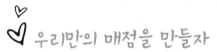

우리만의 매점을 만들자

방송 출연 다음으로 의미 있는 활동은 매점 이름 공모전이었다. 이미 설립된 여러 협동조합 매점을 보면 하나같이 이름에 재치와 유머, 그리고 나름의 의미가 담겨 있었다. '먹고가게', '여물점', '복스쿱스' 등 이름에 언어 유희를 담거나 학교와 관련된 의미를 넣은 것을 볼 수 있었다. 매점 이름은 한 번 지으면 없어질 때까지 계속 쓰이므로 신중하게 정하되 우리 학교와 관련된 고유명사여야 했다. 협동조합 매점은 전교생과 조합원 모두의 매점이기 때문에 이름을 정하는 데도 모두의 의견이 필요했다. 그래서 나를 포함한 12명의 학생이사가 전교생이 부담 없이 자신의 아이디어를 낼 수 있게 매점 이름 짓기 공모전을 진행했다. 자신이 지은 매점 이름과 이름의 의미를 학반, 이름과 함께 종이에 적어서 학생이사한테 제출하면 참여할 수 있게끔 홍보 전단지를 제작하여 학년 게시판에 붙였다. 시작 하루 만에 정말 많은 학생이 참여해서 일주일간 100여 개가 넘는 이름 후보가 나왔다. 후보 3등까지 매점 이용 상품권을 준다고 해서인지 관심이 폭발적이었다. 12명의 학생이사가 후보작을 간추리느라 고민을 거듭했고, 드디어 4개의 후보가 간추려졌다. 나는 1층 중앙 복도 코너에 스티커 투표판을 만들어 두고 하루 종일 투표를 진행했다. 승부가 박빙이어서 붙은 스티커를 일일이 세는 것도 정말 힘들었다.

그렇게 최종 선택된 매점 이름이 '오얏꽃 필 무렵'이다. '오얏꽃'은 우리 문경여고의 교화로서 '자두꽃'을 가리키는 말로 이화(李花)라고 부른다. '더 밝고 더 넓은 세상을 여는 이화인' 양성이 문경여고의 교육목표이고 학교 축제 때 '이화인의 축제'라고 플랜카드를 거는 것도 그 이유 때문이다. 봄이면 교문에 하얗게 피어 있는 오얏꽃은 정말 예쁘다. 백색 오얏꽃의 다섯 꽃잎은 순결을 상징하고 타원형의 푸른 잎은 원만한 인격과 희망을 의미한다. 아울러 자색의 열매는 원숙한 여성을 배출한다는 의미를 가지고 있다고 한다.

우리 문경여고는 영화 〈파파로티〉에 배경으로 나올 정도로 조경이 아름다워서 그 분위기와 어울리는 시적인 이름이 더 큰 호응을 받은 것 같다. 이효석 작가의 〈메밀꽃 필 무렵〉에서 영감을 얻은 이름이기에 작품 속 하얀 메밀밭이 매우 아름답게 묘사된 장면이 떠오르면서 시적인 감성을 한층 더해 주는 것 같다. 그렇게 우리 문경여고의 협동조합 매점은 오얏꽃 필 무렵이 되었다.

이렇게 지은 예쁜 이름으로 우리는 먼저 간이매점을 시범 운영했다. 가판대와 벽은 디자인 분과에서 직접 꾸며 인테리어 효과를 냈고, 간이 매점이라도 포스기 두 대에 냉장 시설과 분위기를 띄워 줄 오디오 시설까지 나름 모두 갖춘 우리만의 공간이었다. 다행히 처음 선보인 친환경 과자가 잘 팔렸고, 다소 높은 가격에도 학생들 사이에 몸에 좋은 간식이라는 인식이 퍼져 매출은 꾸준히 증가했다. 전교생을 대상으로 바른 먹거리 교육을 꾸준히 한 효과일 수도 있겠다. 하지만 간이매점에서는 기업에서 납품받은 친환경 먹을거리와 아이스크림을 팔아 수익을 내는 것이 대부분이었다.

본격적인 공사가 이뤄졌고 정식으로 매점이 문을 열었다. 우리가 매점을 개소한 장소는 최근에 새로 인테리어를 한 학생 휴게실이었는데 매점을 지으려고 철거하기가 매우 아까운 장소였다. 하지만 넓으면서 위치가 적절한 곳이 마땅하지 않아서 매점 장소로 결정된 것이다. 간이매점은 철거하기 전 시설을 그대로 활용했고 나름 매점의 모습을 갖추고 있었지만 약간의 어수선함과 불편함이 있던 것도 사실이다. 마침 문경시에서 교육 경비로 약 3000만 원을 지원해 주었기 때문에 본격적으로 정식 매점을 개소할 준비를 시작할 수 있었다.

사실 협동조합 매점을 개소할 때는 금전적인 문제가 가장 컸다. 넓은 공간을 확보하는 것도 중요하지만 그 공간을 꾸미고 많은 장비를 구비하는 데 큰 돈이 필요하기 때문이다. 사립인 우리 학교는 재단에서 학생 복지에 특히 신경을 많이 쓰기 때문에 이번 협동조합 사업에도 재정 지원을 해 주었는데, 학생 휴게실 철거 비용, 각종 전기 시설 설치 비용 등 인테리어 외의 것들에 투자했다.

거기에 교육 지원도 더해졌다. 전교생 및 임원을 대상으로 바른 먹거리 교육, 조합원 교육, 경제 교육 등 협동조합을 이해하는 데 필요한 다양한 교육 프로그램을 진행했고, 그 결과 547명의 학생 조합원이 단합하여 지금의 문경여고 사회적 협동조합을 꾸려 갈 수 있게 된 것 같다. '협동조합 기본법'이 재정되고 나서 학교협동조합을 지원하는 체계를 갖춘 경기 지역과는 달리 정보와 지원이 상대적으로 부족한 대구·경북 지역에서 최초로 학교협동조합을 인가 받을 수 있었던 것은 학교 자체에서 열심히 일하시는 담당 선생님들과 행정실 관계자분들의 도움이 있었기 때문에 가능한 일이었다. 먼저 나서서 학교협동조합에 관심을 가져

주고 학생들을 위한 매점을 위해 밤낮을 고민하셨던 담당 선생님들과 학교 관계자분, 학부모님을 비롯하여 모든 학생 조합원들에게 이 글을 빌려 감사하는 마음을 전하고 싶다.

본격적인 대공사 후 정식 매점을 열고 나서는 여태 논의되어 왔던 지역사회와의 교류를 시도했다. 그 전에는 우리 밀로 만든 빵을 다른 지역에서 공수해 왔지만 정식 매점을 개소한 후에는 지역의 골목 상권에 있는 작은 빵집에서 우리들의 제2 식량이라고 할 수 있는 빵을 납품받았다. 작은 머핀, 마들렌, 브라우니도 납품받아 판매했는데 인기가 굉장했다. 또 학생 조합원들의 건의 사항을 수렴하여 우리 지역에서 만든 유기농 미숫가루와 지역산 제철 과일을 컵에 담아 판매했다. 이렇게 정식 매점을 연 후에는 간이매점을 운영할 때보다 다양한 도전을 시도할 수 있었는데, 2학년 때는 3학년 선배들 전체에게 문경여고 협동조합 이름으로 우리 지역의 작은 떡집에서 납품받은 찹쌀떡을 돌리기도 했고, 기부 활동도 진행하고 있다. 머지않아 교복 공동 구매, 교통카드 충전 등 사소한 학생 복지 사업부터 다른 학교협동조합과의 협력해 나갈 예정이다.

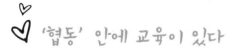 '협동' 안에 교육이 있다

치열한 경쟁 사회에서 '협동조합'의 '협동'이라는 말 자체에 회의감을 느껴 왔던 나에게 '우리의 매점'은 정말 많은 시사점을 주었다. 내가 학교협동조합과 정치사회화의 의미를 연구하고 싶다고 느낀 것도 조합이 우리에게 주는 교육적 의미가 상당할 것이라는 생각 때문이었듯이, 2년 동안 설립 과정에 참여하면서 학교협동조합이 나에게 주었던 의미는 하나의 교육이자 '함께하는 즐거움'이라는 깨달음이었다.

1학년 때는 주로 다른 사람들이 쓴 논문을 읽고 보고서를 쓰거나 문제의식을 가지고 소논문을 쓰는 과정에 참여했었다. 그러다 보니 나도 독특한 주제를 바탕으로 절차에 맞게 연구 논문을 설계하고 써 보고 싶었고, 사회문화 시간에 배웠던 문헌 연구법, 질문지법과 같은 연구 방법도 시도해 보고 싶었다.

지금도 가장 기억에 남는 교내 활동은 단연 지역의 대학 교수님과 연계해 직접 논문을 작성하면서 연구하는 'R&E 프로그램' (Research and Education)이다. 학교에서 자체적으로 교수님을 직접 섭외하고 성적에 따라 문-이과를 나누어 한 팀에 5명의 학생을 선발했는데, 흔치 않은 기회였지만 1년 내내 꾸준히 진행해야 하기 때문에 용기가 필요한 일이었다. 더구나 그 해 겨울, 지역 학술 발표 대회에 논문을 제출하기로 계획을 세워 두었기 때문에 큰 책임감도 필요했다. 하지만 직접 연구를 해서 논문을 써 보고 싶었던 나에게는 아주 좋은 기회였고, 혼자가 아니라 5명의 친구들과 협동하는 작업이었기 때문에 부담감이 그리 크지 않아 망설임 없이 참여했다.

우리 팀은 연구 주제를 정하기 전에 청소년들의 정치 무관심에 대해 문제의식을 가졌다. 올바른 정치사회화 교육이 청소년들의 정치 무관심을 해결해 줄 것이라는 전제로 선행연구를 통해 기존 정치사회화 교육 매체에 대해 조사했고, 크게 학생회 활동, 선거 활동, 법과 정치 과목 수업으로 한정했다. 선행연구 분석 결과 학생회 활동은 소수의 학생만 참여할 수 있다는 점에서 교육 효과가 크지 않았고 선거 활동은 일회적인 활동이라는 한계가 있었다. 더구나 현재 매우 적은 학교만이 법과 정치 과목을 채택하여 수업하고 있고, 기성 교과 수업으로 온전한 정치사회화 교육 효과를 얻기는 매우 힘들다는 결론이 나왔다. 그러나 해답은 가까운 데에 있었다.

기존 교육 매체가 가지고 있는 한계를 보완하는 새로운 정치사회화 교육 매체를 생각해 보니 그 당시 막 개소했던 학교협동조합 매점이 떠올랐다. 학교협동조합은 전교생 대부분이 조합원이므로 학생 복지가 우선시될 수밖에 없고 조합원들에게 조합의 운영을 결정할 투표권을 부여하므로 모두가 동등하게 의사결정을 할 수 있다. 그뿐 아니라 단기적인 활동이 아닌 조합원 탈퇴를 신청하기 전까지 지속되는 활동이기 때문에 선거의 일회성을 보완할 수 있었다. 수업을 통해서 이뤄지는 활동이 아니라 자율적으로 진행되는 교내 활동이므로 수업 시간에는 배울 수 없는 다양한 지식과 경험을 쌓을 수 있다는 것도 큰 장점이다.

그래서 우리는 학교협동조합 활동이 기존 정치사회화 교육 매체의 한계를 보완할 수 있다는 전제하에 연구를 진행하기로 했다. 협동조합 이용 만족도와 참여도를 독립 변인으로, 정치사회화의 하위 요소를 종속 변인으로 두어 가설을 설정했다. 정치사회화의 다양한 하위 요소 중 정치 참여도, 정치 신뢰도, 정치 효능감, 시민 의무감 네 가지를 구체적인 종속 변인으로 두었다. 징치사회화를 다룬 선행 연구를 참고하여 질문 문항을 선별한 다음 1학년 모두에게 질문지법을 실시했는데, 통계 처리 결과 우리 팀은 유의미한 결론을 내릴 수 있었다.

학교협동조합에서의 참여도와 시민 의무감은 상관관계 계수가 1로 굉장히 높게 나타나 학교협동조합 내 활동은 국민으로서 역할을 또렷이 인식하는 데 큰 기여를 한다는 것을 알 수 있었다. 그 외 정치 참여도와의 관계 계수 또한 약 0.4를 기록하여 높은 관계를 나타냈다. 이에 반해 낮은 수준의 정치 신뢰도와 정치 효능감은 각각 평균 0.315, 0.243을 기록하며 긍정적이지만은 않은 결과를 보였다. 하지만 학교협동조합에서의 참여도와의 상관관계를 고려하면 통계적으로 충분히 유의미한 것으로 분석되었다.

즉 조합원 권리의 정당한 행사에 대한 기대를 가지고 논의가 필요한 학교의 현안에 대한 해결 의지를 보이며, 나아가 차후 사회 구성원으로서 정부의 잘못된 점에 대한 지적의 필요성을 인식하는 등 주체적 정치 참여 측면에서 상당히 긍정적인 모습을 보였다. 또한 학교협동조합에 대한 관심, 관련 행사 참여 등과 같이 참여도에서의 적극성도 쉽게 찾아볼 수 있었다.

물론 절차를 갖춰서 쓰긴 했지만 이 연구 논문의 내용은 많이 미흡하다. 그럼에도 애착이 가는 이유는 고등학교 2학년 내내 이 연구를 위해 우리 팀원들이 함께 노력한 결과이기 때문이다. 혼자서는 질문지법의 표본을 100명이 넘게 설정하기가 힘들지만 팀원들과 함께한다면 1학년 전체를 대상으로 연구할 수 있었다. 내신 시험이 임박한데도 수백 장의 회수된 질문지에 체크가 잘되었는지 일일이 확인하고 집에 가져가서 엑셀로 코딩을 해야 했는데, 누구 한 사람 자신의 분량을 줄이려고 하지 않으면서 좋은 경험이 될 거라며 서로를 북돋아 주었다. 지역 대회에 논문을 제출하려고 참고문헌 목록을 일일이 찾느라 시간이 꽤 지체되어 마감이 임박해서 보낼 수밖에 없었을 때도, 마지막 제출 서류를 함께 점검하고 오·탈자를 수정해서 무사히 대회 준비를 마칠 수 있었다. 그렇게 대회 1차 합격 후 본격적인 발표 준비를 위해 겨울방학 중에도 틈틈이 사회 교실에 모여 서로의 프레젠테이션 내용을 피드백했다. 밤늦게까지 남아 있던 날에는 맛있는 음식도 시켜 먹으면서 재미있는 추억을 만들기도 했다. 다시 한 번 생각해도, 학교생활에 어느 하나 소홀히 하지 않고 논문 작업을 무사히 마무리할 수 있었던 것은 팀원들 간의 배려와 협업 없이는 불가능한 일이었다.

나는 우리 팀이 함께 완성한 논문이 매우 자랑스럽다. 논문이 완성된 시점에는 학교협동조합과 관련한 연구 논문이 거의 없었을 뿐만 아니라 학생들 입장에서 현 교육의 한계점을 느끼고 자발적으로 탐구했다는 점에서 의미가 크다. 또 학교협동조합을 활성화시키기 위해서는 미성년자가 조합원으로 등록하는 과정을 보완할 필요가 있으며 변호사 공증과 같이 돈이 필요한 법적 절차에 대해서는 상당 부분 정부나 지자체, 교육청 등 지원이 필요하다는 깃도 알게 되었다. 앞으로도 학교협동조합의 교육 효과에 대한 연구가 활발히 진행되었으면 하는 바람이다.

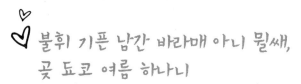

불휘 기픈 남간 바라매 아니 밀쌔, 곶 됴코 여름 하나니

뿌리 깊은 나무는 바람에 흔들리지 아니하므로,
꽃이 좋고 열매가 많으니

돌이켜 보면 처음 내게 '협동조합'이란 함께하는 사람들과 심었던 작은 묘목 같은 것이었다. 시간이 지나면서 모두 함께 물과 양분, 햇빛과 정성을 더했더니 조금씩 푸른 잎이 자라나고 작지만 '우리만의 오얏꽃'도 피웠다. 더 많은 시간과 정성이 더해지면 이제 탐스러운 열매도 열릴 것이 분명하다. 내가 사람들과 함께 심은 '협동'이라는 묘목이 자라면서 나 자신도 함께 자랐다.

협동조합 활동을 하면서 개인적으로 나 자신이 성장할 수 있었다. 선생님들, 학부모님들과 함께한 이사회의 때마다 학생들의 의견을 열정적으로 대변해 오면서 책임감도 많이 느꼈고, 학교의 중

[그림2] 2015년 4월 16일 열린 문경여자고등학교 사회적 협동조합 창립 총회

요한 일에 내가 도움이 될 수 있다고 느끼면서 자신감도 많이 자랐다. 창립 총회 당시 성과 보고를 위해 많은 사람 앞에서 발표도 해보고 뉴스 인터뷰에 우왕좌왕하며 참여했던 경험을 통해 학업에만 빠져 있었던 일상에서는 느끼기 힘든 성취감도 맛볼 수 있었다. 주변 친구들이 나에게 매점에 대한 불만이나 건의를 말하는 것이 귀찮기는커녕 오히려 책임감으로 이사 활동을 하게 해 준 원동력이 되었으니, 나의 학교생활에서 협동조합은 매우 의미가 크다.

그리고 중요한 것 또 하나. 바로 '협동의 교육적 가치'이다. 다소 진부할지는 몰라도 학교협동조합은 나에게 협동의 가치를 알려 주었다. 학생 조합원 547명, 교직원 조합원 33명, 학부모 조합원 98명이 현재 문경여고 사회적 협동조합과 함께하고 있다. 700명 가까운 조합원이 모여서 협동조합 설립 인가를 받기 위해 각종 법적 서류를 두고 끙끙댔던 힘든 시기와 수십 번의 회의를 거친 후 만들어 낸 문경여고 사회적 협동조합은 협동의 산물이 아닐 수 없다. 나는 경쟁보다는 협동을 가르치는 사람이 되고 싶었기에 '학교에서의 협동조합'이 미래에 교육자가 되고 싶은 나에게 얼마나 큰 의미로 다가올지 생각하면 설레곤 했다. 복징고 견학부터 발기인, 학생이사를 거치면서 협동조합의 창립 과정을 빠짐없이 봐 온 학생으로서, 우리들을 위한 매점을 만드는 데 수많은 사람들의 숨은 노력이 필요하다는 것도 절실히 알게 되었다. 500명이 넘는 미성년자 조합원들이 인감증명서를 급하게 발급하는 바람에 동사무소가 우리 학교 학생들로 북적이기도 했고, 집이 먼 기숙사 친구들의 인감증명서와 법적 서류를 모으기 위해 담임 선생님들도 함께 고군분투했지만 결국 무사히 설립할 수 있었던 이유는 우리의 필요를 충족하면서 모두가 상생할 수 있는 매점을 만들고자 하나의 뜻으로 뭉친 조합원들의 협동에 있었다. 그것을 계기로 협동이라는 것은 낙오자가 없는 학교를 지향하는 하나의 핵심 열쇠라고 생각했고, 나는 지식보다는 협동하는 지혜를 가르치는 좋은 교육자가 되자고 더 다짐할 수 있었다.

세상을 더 나은 곳으로 만드는 교실을 꿈꾸다

항상 나의 고민은 교육 분야에서도 어느 방향으로 나아갈 것인가였다. 교육학을 심층적으로 배우는 교육학과, 학생들을 직접 가르치는 사범대학교와 교육대학교를 두고 쉽게 결정하지 못하고 있었다. 고민이 깊어질 때 선생님들과 진로 상담을 할 때면 항상 듣는 조언이 있었는데, 꿈을 확고하게 정해 놓는 사람은 사실 얼마 없고 대부분 살아가면서 자신의 직업을 찾아간다는 것이었다. 당장 확고하게 어느 대학, 무슨 학과를 정하지 못해도 한국의 교육 현실을 변화시키는 데 기여하고 싶다는 마음가짐이 있다면 결국 그 목표를 이룰 수 있다는 큰 깨달음을 얻었다.

그래서 나는 항상 생활기록부에 장래 희망을 기입할 때도 교육 전문가와 교사, 대학 교수 등 여러 직업을 적었고, 당장 직업을 확고하게 정하지 못했다는 고민에 빠지지 않았다. 어떤 강연자가, 누군가가 자신에게 꿈을 물어 보았을 때 직업을 말하기보다 자신이 이상적으로 희망하는 상태를 말하라고 했던 것이 문득 기억이 난다. 우리는 이제껏 '꿈=직업'이라고 생각해 왔지만 직업은 자신의 꿈을 이루기 위한 것이지 직업 자체가 꿈일 수는 없다고 생각한다. 나에게는 교육으로 세상을 더 나은 곳으로 만들고자 하는 꿈이 있고, 그 꿈을 이루기 위해 현재 내가 할 수 있는 최선은 학업에 열중하는 것이다.

나는 현재 합격한 대학 중 교육대학교에 진학하기로 했다. 교직에 서야겠다는 생각을 바탕으로 공부해 왔기 때문에 교육학과에 합격한 후에도 큰 고민 없이 교육대를 선택했다. 교육학과에 진학해서 교육 행정고시를 통과한 후 한국 교육의 발전에 실질적으로 기여하는 사람이 되거나 효과적인 협동 학습법을 연구하는 교육학 교수가 되고자 하는 큰 목표도 있어서 최종 대학을 선택하는 데 고민을 했지만, 나중에 대학원에 가서 교육학을 심화해서 배우는 한이 있더라도 먼저 아이들을 가르치는 교단에 서고 싶다.

대학생이 되면 협동조합 활동을 통해 느낀 바를 대학에서도 실현하고 싶은 마음이 크다. 당연히 문경여고 사회적 협동조합의 조합원으로 계속 남아 있을 것이고, 한국대학생활협동조합연합회에 가입해 중·고교 학교협동조합과 지속적인 교류를 통해 협동조합의 7원칙인 '협동조합 간의 협동'을 이어 가고 싶다.

훗날 초등 교사로 교단에 서게 되면 초등학교에서도 학교협동조합 설립을 추진하고 싶다는 생각을 한다. 매점은 중·고등학교에는 필요할지 몰라도 초등학교에는 필요하지 않으므로 체험 학습을 위한 학교협동조합 사업을 시작하는 것도 좋은 생각인 것 같다. 기존의 현장 체험 학습은 계획 단계부터 학교장의 결제 단계까지 절차가 매우 복잡하고 대규모로 진행되는 경향이 강해서 개선해야 한다는 지적이 많다. 이제 변화될 현장 체험 학습은 단순히 놀이공원이나 과학관으로 몰려 가는 것이 아니라 학생들이 필요에 따라 계획하고 소규모로 이동해 학습의 질을 향상시키는 데 그 핵심이 있다. 여러 책을 통해 현장학습을 위한 학교협동조합이 이미 다양한 학교에서 진행되는 것으로 알고 있다. 먼 미래일지 몰라도 내가 가르치는 아이들과는 좀 더 뜻깊은 현장학습을 다녀오고 싶은데 그 매체가 학교협동조합이었으면 하는 바람이다. 고등학교 때 맺은 협동조합과의 인연이 대학을 거쳐 성인이 되어서도 이어진다면 나로 인해 사회에 협동의 가치가 널리 퍼질 수 있다는 기대도 가져 본다.

나는 다문화 교육 문제에도 관심이 많기 때문에 교육 봉사 단체에 가입해서 다문화 이주 가족을 위한 한국어 강좌를 무료로 개설하여 도움을 주고 싶은 소소한 계획도 있고, 고(故) 이태석 신부님이 의술과 음악으로 가난한 사람을 치유했듯이 아프리카 같은 빈곤 지역을 방문해 위생 교육이나 기본 학습 교육으로 시민 의식 수준을 향상시키는 봉사 활동에 참여하고자 하는 큰 계획도 있다. 무턱대고 다 해 보고 싶어 하는 도전적인 새내기의 마음이 제발 대학에 들어가서도 계속되었으면 좋겠다.

"그 나라를 알려면 그 나라의 교실을 가 보라."는 말을 나는 참 좋아한다. 그래서 그 문구를 항상 가슴속에 담아 두고 교육자의 꿈을 키워 왔다. 교실은 사회를 반영하고 나아가 그 나라를 비추는 거울이 된다는 것을 항상 되뇌이며 좋은 교육을 하는 사람이 되고 싶다.

나는 학교협동조합을 통해 좋은 교육이란 자기 자신이 성장하고 있다는 것을 느끼게 할 수 있어야 한다는 것을 깨달았고, 경쟁보다는 협동의 지혜를 가르치는 것이 좋은 사회를 만드는 밑거름이 된다는 것 또한 실감했다. 나는 아직 온실 속의 화초처럼 학교라는 울타리 안에서 자라 온 평범한 학생이지만 교사를 꿈꾸는 예비 대학생으로서 부끄럽지 않은 교육자가 되리라는 새로운 다짐을 이 책에서 할 수 있게 되어 매우 영광스럽다. 사회의 어느 위치에 있던 나는 항상 더 나은 교육을 생각할 줄 아는 사람이고 싶다. 나는 지금까지 많이 부족했고 앞으로도 부족한 것투성이겠지만 항상 나의 미래를 응원할 것이다.

♡ I love
학교협동조합